KB040395

감정은 어떻게 전염되는가

감정은
어떻게
전염되는가

Strange Contagion

사회전염 현상을
파헤치는 과학적
르포르타주 ——

리 대니얼 크라비츠 지음 — 조영학 옮김

동아시아

우리가 왜 주변 사람들의 (유해하거나 유익한) 감정과 습관을
따라 하는지에 대한 놀라운 설명.
이 책은 여러분의 직장, 학교, 가정을 위해 커다란 울림을 보여준다.
책은 소설처럼 읽히지만 절대 허구는 아니다.

— 애덤 그랜트, 《뉴욕타임스》 베스트셀러 『오리지널스』, 『Give and Take』의 저자

전파의 시대에 놀라운 지적이자 시의적절한 경고.
이 책이라면 전염되어도 좋다!

— 대니얼 스미스, 《뉴욕타임스》 베스트셀러 『몽키 마인드』의 저자

명료하고 심오하면서도 애정과 배려로 가득한 책.

— 마르코 야코보니, 『미러링 피플』의 저자

집요한 연구에 흥미까지 겸비한 책. 리 대니얼 크라비츠는 사회전염이 왜,
어떻게 세력을 확보하는지 탐구하였는데, 읽을거리마저 풍부하다. 결론은
쉽지 않다지만, 작가의 시의적절한 논쟁 덕분에 배울 거리가 만만치 않다.

— 마셜 골드스미스, 《뉴욕타임스》 베스트셀러 『트리거』의 작가

지금껏 사회전염 관련 도서를 섭렵했지만
『감정은 어떻게 전염되는가』는 단연 최고다.
유용한 생각과 행동을 확산하고 유해한 요인들을 억제하고 싶다면
부모, 교사, 지도자, 정책입안자 누구든 일독을 권한다.

— 크리스티나 리즈가, 『미션 하이Mission High』의 저자, 《마더 존스》의 수석 교육리포터.

『감정은 어떻게 전염되는가』는 사회과학서적이면서도
미스터리처럼 읽힌다.
내용 또한 너무도 중요하며 시의적절하다.

— 마이클 소콜로프, 『드라마 하이Drama High』의 저자

크라베츠는 능숙한 분석을 통해, 궁극적으로 복잡한 인간 조건에 굴복한다.
결국 그는 단 하나의 심오한 진실을 고백한다.
우리 자신이 바로 문제의 해결책이다.

— 줄리 리스콧 하임스, 《뉴욕타임스》 베스트셀러 『헬리콥터 부모가 자녀를 망친다』의 저자

차례

작가 노트

나는 생계를 위해 이야기를 추적한다. 과학 작가이기 때문에 내가 추구하는 이야기들도 당연히 일정한 특성이 있다. 가령 인간의 행동을 이해하고 분류하기 위한 노력이나 고위험, 도덕적 딜레마, 사적 책임 문제에 봉착한 독특한 인물들, 외나무다리에서 만난 영웅들, 목숨이 경각에 달린 상황 따위다.

2009년, 빌딩으로 빽빽한 65제곱킬로미터의 실리콘밸리 공간에서도 이런 특성들이 나타났다. 테크놀로지 선구자들의 고향인 이곳은 엄청난 부의 상징이 가득하고 혁명을 일구어내기에도 최적의 환경을 갖추었다. 그런데 실리콘밸리가 있는 캘리포니아주 팰로앨토 지역에 기이한 정신병이 창궐해 학생들이 무더기로 자살하는 사건이 일어났다. 이들은 같은 학교 출신이지만 자살을 공모하지 않았으며 대개는 서로 알지도 못했다. 더욱 당혹스러운 것은, 이들은 적어도 겉으로 보기에 아무 문제가 없었다는 사실이다. 가정은 화목했고 경제적으로 부유했으며 친구, 재능, 인기도 많고 무엇보다 행복해 보였다. 전국 최고 수준의 공립학교 내에서도 소위 잘나가는 친구들이었다. 상대적으로 적응력도 뛰어났지만 마음속에서 뭔가 꼬였는지 불가항력적으로 달리는 통근 기차에 뛰어들고 만 것이다.

그간 추적했던 이야기들과 달리 이번에는 나와도 무관하지 않았다. 내가 면담한 사람들은 모두 내 이웃이었고, 학생들이 죽은 장소는 집에서 5분이 채 되지 않는 거리에 있었으며, 그 덕분에 비통과 고통의 목소리도 직접 들어야 했다. "왜 이런 일이 일어났는지 이해할 수 없군요." 그 사건들로 마을 전체가 고통스러워했으며 나 역시 애써 불안감을 다스려야 했다. 물론 동시에 지적 호기심도 점점 커져갔다.

사회전염 사건이란 생각과 감정과 행동이 전염되면서 타인이 우리 삶에 영향을 주는 사건을 말한다. 사건을 있는 그대로 이해하고 설명하려면 직접 조사할 수밖에 없었다. 하지만 사건의 언어를 배우기 위해 무엇보다 '전염Contagion'을 다시 정의해야 했다. 단어의 의미에서 부정적 암시를 제거하려는 것이다. 해답을 얻기 위해 분투하던 중 임상역학자 게리 슬럿킨Gary Slutkin과 가까워졌는데, 그는 사회전염이라는 개념 자체는 좋지도 나쁘지도 않다고 말했다. 그의 말에 따르면, 사회전염은 긍정적인 결과를 낳을 수도 부정적인 결과를 낳을 수도 있다. 사회전염의 의도는 조사 대상이 아니며 '좋다', '나쁘다' 또한 과학 용어가 아님을 상기시켜주기도 했다. "우리가 할 일은 사회전염은 물론 전염의 힘이 미치는 곳(양육, 거래, 아이디어 평가, 교육, 간호 등 어느 분야든)까지 철저히 파헤쳐 사회 안녕에 이바지하는 것뿐이다." 그의 말이다.

사회전염학의 주장에 따르면 영향력은 관찰을 통해 전파한다. 전염은 적절한 시기에 환경에 스며들어 글과 말을 빌미로 사람들 사이를 헤집고 다닌다. 따라서 팰로앨토의 비극 이야기를 할 경우, 애초에 그 이야기를 통해 경각심을 불러일으키고자 했던 게 무엇이든 간에, 오히려 그 이야기와 듣는 사람 사이의 잠재적 매개가 생긴다. 예를 들어 내가 무언가에 대해 쓸 경우 타인이 그 이야기에 전염될 위험은 증가할 수밖에 없다. 그런데 어떻게 이 이야기를 쓴다는 말인가?

나는 신중하고 또 신중하게 조사를 이어가기로 하고 현장 보고와 감정 이입의 균형자 역할을 자임했다. 공중위생국과 애넌버그 공공정책센터가 제시한 보도 지침에도 충실히 따랐다. 사실을 과장하지도 않고 피해자를 순교자로 만들지 않고 그들의 기억을 모욕하지도 않았다. 그 일이 가능했던 이유는 애초에 이 특별한 팰로앨토 사건이 특정 개인이 아니라 집단의 이야기라는 사실을 인식한 덕분이다. 이런 비극적 집단

자살을 겪은 사람이 많지는 않지만 그럼에도 불구하고 우리는 우리 주변에 사회전염이 만연하다는 것을 안다. 주식 시장 분위기를 보면 탐욕에 전염성이 있다는 사실을 알 수 있고, 교내 총기 사건을 통해 폭력이 전파됐음을 확인할 수 있다. 개인의 욕구와 행복은 물론이고 아량, 용기, 직업윤리 같은 본유 감각조차 감기처럼 타인에게 전염될 수 있다. 예일대학과 국방부 연구자들은 이 학문을 이해하고 알리기 위해 수백만의 피실험자를 조사한 바 있다. 사회전염은 기억에서 분위기까지 우리 삶의 모든 요소에 은밀하게 영향을 주지만 우리는 종종 인식조차 하지 못하기 때문이다. 내 연구는 그저 전염의 위험이 얼마나 큰지를 보여주는 섬뜩한 사례가 되고 말았다. 내 목표 또한 그런 일들이 '왜'가 아니라 '어떻게' 문제가 되는지 이해하는 쪽으로 선회했다.

팰로앨토 이야기를 하면서 한 가지 바람이 있다면, 우리 서로가 물리적 한계를 넘어 어떻게 연결되어 있는지 보다 정확히 이해했으면 한다. 매우 은밀하면서도 지극히 일반적인 사회전염 세계를 폭로함으로써, 사회전염의 의미를 인식하고 우리 삶의 궤도에 어떻게 이바지할지 고민할 것이다. 히스테리나 두려움 같은 유해한 전염에 대비할 방법을 배우고, 행복이나 활력 같은 유익한 전염을 어떻게 전파할지 이해할 것이다. 또한 전염의 방향을 조정해 우리가 원하는 관계, 공동체, 문화 등을 창출하도록 능력을 키워나갈 것이다.

생각의 전염, 미묘한 감정에의 집착, 행동의 전파 가능성을 고려할 때 이 작은 마을(혁신과 신지식의 관점에서라면 세상에서 제일 큰 도시이기도 하다)에서 발생한 사건 덕분에 우리는 통찰력을 얻고 우리 자신이 감염시킨 사람들의 내면을 들여다보게 될 것이다. 실리콘밸리 팰로앨토 이야기를 통해 궁극적으로는 우리가 서로를 향해 각자의 책임감을 전파하기를 바란다. 책임감이 너무도 필요한 세상이 아니던가.

그림자
계곡

"두 번째 시, 첫 번째와 동일한."

《트래디셔널Traditional》

도착, 제1부

　　새 아파트에 온 지 일주일이 되었다. 아내는 임신 6개월이라 배가 불룩했고 머리는 짧게 깎았다. 청록색 블라우스 차림으로 발코니에서 테라코타 화분들을 정리했다. 나는 거실에 앉아 빈 이삿짐 상자들을 풀어 접었다. 20대에는 이사를 많이 다녔다. 일, 대학원, 모험, 기회 같은 것들을 찾아 보스턴과 뉴욕으로 떠났다. 잠깐은 볼티모어에서 지냈고 그다음 샌프란시스코에서 15개월을 체류했다. 우리도 집을 짓고 정착해 가정을 꾸리기로 약속했기 때문에 2009년에는 아내도 직장을 찾기 시작했다. 나는 프리랜서 과학 작가이기에 집이 어디든 상관이 없었다. 아내의 직장이 정해지면 도시를 탈출할 참이었다. 아내는 구글의 제안을 받아들였고 우리는 마침내 샌프란시스코의 첨단도시 미션 디스트릭트를 떠나 팰로앨토의 나른한 촌락으로 이사했다.

구급차 사이렌이 멀어져가더니 곧바로 다른 사이렌이 뒤를 이었다. 2킬로미터쯤 뒤였을까.

"무슨 일일까?" 아내가 무심코 중얼거렸다. 나는 부엌에서 모닝커피를 만든 뒤 손에 머그잔을 들고 발코니로 향했다. 아내가 난간 너머를 내다보고 있었다. "마을에 사고가 생겼나 봐."

아래층에선 벌써부터 사람들이 웅성거리기 시작했다. 스탠퍼드대학 너머에는 후버타워가 우뚝 서 있을 텐데 지금은 아파트 단지 은행나무들에 가려 보이지 않는다. 지역 영웅들을 기리는 핑크빛 표상과 더불어 수많은 천재와 지도자, 아이디어를 키우고 꿈을 자극하는 사람들이 타워에 빛을 더했다. 엘 카미노 리얼 도로는 물론 동쪽 오리건 고속도로를 따라 주간도로까지 차들이 멈춰 서 있었다. 신호등이 녹색에서 빨간색으로 몇 번이나 바뀌어도 차량은 꿈쩍도 하지 못했다. 어딘가에서 헬리콥터 소리도 들렸다.

그날 저녁 늦게 온라인 뉴스를 읽었다. 교통 체증은 참사 때문이었는데 사고 장소는 도로가 아니라 인근 칼트레인 선로였다. 그 바람에 기차가 몇 시간씩 운행을 멈췄고 통근자들이 부랴부랴 다른 출근길을 찾는 통에 도로도 몸살을 앓아야 했다. 집에서 이삿짐 상자들을 개봉하는 바로 그 순간, 마을 저쪽의 장 폴 한웨이 블랑사르라는 소년이 학교에 가기 위해 집을 나섰다. 밝은 채색의 깔끔한 주택 10여 채를 지나고 엘 카미노 리얼 도로를 가로지르자 곧바로 선로가 보였다. 블랑사르가 선로에 뛰어든 것은 백주 대낮의 일이다.

이사 온 지 일주일도 채 되지 않았지만 실리콘밸리에 거주하는 학생이 기차에 치여 죽는 일이 매우 이례적이라는 사실 정도는 알 수 있었다. 실리콘밸리가 아닌가! 교수, 과학자, 작가, 투자자, 기업가들의 기분 좋은 광기가 무한의 지성과 평행선을 이루며, 야망의 에스컬레이터를 돌리는 곳!

뉴스가 더욱 기이한 까닭은 소년이 다니는 저 특별한 학교 때문이다. 실리콘밸리에 있는 학교들이 다 그렇지만, 건고등학교 Henry M Gunn High School의 학생들 역시 캘리포니아에서 가장 우수한 그룹에 속한다. 특히 이 학교는 지난 5년간 PSAT 시험 고득점자 National Merit Semifinalists가 많기로 전국 10퍼센트 안에 든다. 최근에는 학교 학생 절반이 약 2,000건의 대학과목선이수시험 Advanced Placement Tests For College Credit에 응시해, 그중 93퍼센트가 1에서 5까지의 단계 중에서 3 이상의 고득점을 획득한 바도 있다. 이곳 마을 사람들이 종종 인용하는 사실들이다. 특히 이곳에 이사 온 사람들이 앞다투어 나서는 이유는, 그렇게 하면 자식들이 공립학교 제도를 활용할 수 있기 때문이다.

하지만 그런 식의 장황한 학업성적 자랑은 며칠 동안 사라졌다. 지역 신문들은 속보와 단평을 통해 소년의 기이한 죽음을 보도했고 사람들은 삼삼오오 모여 숙덕거렸다. 그러다가 얘기는 갑자기 끝이 났고 사람들은 일상으로 돌아갔다. 나도 다시 짐을 풀기 시작했다.

✳︎✳︎

블랑사르가 자살하고 3주가 지난 뒤, 칼트레인의 기차에
일제히 긴급 정차 명령이 떨어졌다. 한밤중에 선로를 따라 기
차들이 제자리에 멈춰 섰다. 산타클라라 조사관이 또 다른 시
신을 찾아 검시를 시작했다. 시신을 발견한 곳은 공교롭게도
학교 인근, 블랑사르가 죽은 바로 그 지점이었다.

사건 발생 몇 시간 후 보도에 따르면, 희생자는 소냐 레이
메이커라는 졸업을 앞둔 학생이었다. 그녀는 이번 가을 뉴욕
대학의 저명한 공연 프로그램에 참여하기 위해 준비하고 있
었다.

마을은 자살 동기를 두고 술렁이기 시작했다. 혹자는 그
지역 특유의 학업 부담을 거론했다. 이곳 팰로앨토 학생들에
게 성적은 공통된 부담이며, '어떻게든 성공해야 한다'라는 주
문은 말만 하지 않았을 뿐 정언명령이나 다름없었다. 뜬금없
이 정신병을 거론하는 사람도 있고, 모방자살 아니냐며 숙덕
거리는 사람들도 있었다.

살다 보면 가끔 아이들이 자살했다는 소식을 접하기도 하
지만 대개는 서로 별개의 상황에 주로 가정 문제였기에 가족
들도 쉬쉬하며 넘겼다. 하지만 이 두 사건은 놀랍도록 공개적
이고 노골적이라 사람들은 경악할 수밖에 없었다. 자살로 이
르는 비애에 대해 그다지 아는 바는 없지만, 부지불식간에 나
는 두 학생 사이에 연관이 있지 않을까 의심하게 되었다. 이

비극적 사건을 조사한다면 어쩌면 비합리적 의심을 해소하게 될지도 모를 일이다.

상대적으로 이 마을 신참이라 슬픔도 부차적이겠지만 그럼에도 불구하고 충격을 피할 수는 없었다. 상대적 거리감 덕분에 오히려 사건을 전체적으로 조망할 수도 있었다. 마을 사람들이 충격에 대처하는 과정을 지켜보자니, 자신의 힘과 자원을 어떻게 활용해야 할지 전혀 모르는 분위기였다. 사람들은 하나씩 관심을 끄고 일상의 고통에 집중하거나, 삶의 궤적에 의지하는 식으로 애써 충격을 외면했다. 이 아교질 같은 비애가 자신들의 심방을 더럽힐까 두려워하는 것처럼 보였다.

솔직히 나도 마찬가지였다. 곧 아버지가 될 나의 가장 긴급한 개인사는 어떻게 육아를 준비할지의 문제였다. 액자에 그림을 넣고 파란 리본으로 묶어 벽마다 걸어두고 사다리에 올라가 두꺼운 커튼 천에 금속 고리를 매달았다. 하얀색의 아기 침대 부속들을 불쏘시개처럼 바닥에 늘어놓고 한숨을 내쉬기도 했다. 아무리 설명서를 들여다봐도 어떻게 조립해야 할지 난감했다.

거울/거울

갓 태어난 아들을 얇고 가벼운 담요로 감싼 뒤 아내 품에 안겨주었다. 적어도 석 달 동안은 엄마 품 안에서 지낼 것이다. 아들은 엄마한테 푹 빠져 내내 엄마 얼굴만 들여다보았다. 엄마가 눈을 크게 뜨거나 놀란 표정을 지으면 마치 대화라도 하듯 반응했다. 눈을 크게 뜨고 입을 벌려 엄마 흉내를 내는 것이다.

세상에 나온 후, 자궁 너머에 대한 인간의 이해는 '거울'로서의 본능에 기반을 둔다. 신호를 수용하고 인식하며 행복, 두려움, 슬픔 등의 감정을 이해하고 타인의 행동에 우리 자신을 맞춘다. 『인간과 동물의 감정 표현』을 집필하면서, 찰스 다윈^{Charles Robert Darwin}은 인간이 공통된 표정을 만들어낸다는 사실을 확인했다. 나이, 민족, 성과 상관없이 인류는 자신이 관찰한 사람과 동일하게 마음을 표현한다. 사람은 누구나 특별하지만 불만, 짜증, 불안 등을 나타내는 표정이나 미소를 짓는 모습은 대동소이하다. 표정으로 인지 신호를 보내면 우리 내면에서 그와 유사한 공감 반응을 자극하기 때문이다. 놀랍게도 타인을 반영하는 메커니즘은 인식이 불가능할 정도로 빠르고 자동적이다. 사회심리학자 일레인 해트필드Elaine Hatfield는 그 과정을 우리 내부의 무의식적 모방소Imitator에 의한 일종의 자동 조율이라고 보았다. 인간의 정신은 주변 세계로부터 지극히 사소한 표정 변화까지 받아들이는데 우리는 그 순간들을 놓치지 않고 반영Mirroring과 조정Aligning이라는 원시적 절차를 작동시키는 것이다.

달빛 담요로 감싼 아들의 얼굴을 가만히 지켜보노라면 두 눈이 낡은 동전처럼 회색이다. 두뇌에는 일종의 신경 와이파이를 내장하고 무의식적으로 타인의 신호를 수신한다. 거울 신경 클러스터를 통해 편도체가 즉시 표정의 자극에 반응하고 머릿속으로 자신이 보고 있다고 믿는 대상을 모방한다.

두 학생이 왜 스스로 목숨을 끊었는지 여전히 오리무중이지만 나의 아들과 환경 사이의 놀라운 대화를 지켜보면서 문득 '반영'이 퍼즐을 푸는 열쇠가 될지도 모르겠다고 생각했다. 최근 사건들을 해석하기 위해 새로이 과학 기반의 뼈대를 맞추기 시작한 것이다. 물론 뼈대의 기초는 사회전염이거나 별개의 전염성 요인들일 것이고 이런 요인들은 학교조직은 물론, 어쩌면 학교조직을 지탱하는 지역 시스템 내부에 기생하고 있을 것이다.

두 학생이 특정한 생각을 공유했을까? 진화생물학자 리

처드 도킨스^{Richard Dawkins}는 이 특별한 사회전염을 '밈^{Meme}'이라고 불렀다. "머릿속에 밈을 이식하면 밈은 수태를 통해 뇌에 기생하고 뇌를 (생각의) 번식 매개로 바꾸어놓는다. 이는 바이러스가 숙주세포의 발생 메커니즘에 기생하는 것과 흡사하다." 내가 보기에도 도킨스의 바이러스 비유는 시의적절하다. 전염성이 강한 생각은 자연법칙을 모방하며, 특히 병균의 변이와 전이를 감독하는 법칙과 닮았다. 환경이 적합하고 조건이 완벽하다면 생각은 전파되고 접촉하고 전염되며 일정한 사람들을 통해 타인에게 번식한다. 생물학적 바이러스가 능력을 축적하고 우리 신체와 상호작용하며 복제하듯이 생각 또한 임의의 실마리들, 즉 무해한 동작들과 접촉한 뒤 숙주의 심리학적 특성들과 상호작용한다. 그리고 생물학적 바이러스가 활동을 위해 세포를 장악하려 하는 것처럼 생각 또한 사람들에게 착상한 후 어떻게 해서든 정신을 장악하려고 한다.

　우리는 어떻게 무의식적으로 생각을 타인에게 전파할까? 예일대학과 인간본성연구소의 니컬러스 크리스타키스^{Nicholas Christakis}, 캘리포니아대학 샌디에이고캠퍼스의 제임스 파울러^{James Fowler} 같은 과학자들의 지론에 의하면, 이 특정한 종류의 사회전염은 정교하고 복잡한 관계망에 의지하는 식으로 장애를 뛰어넘으며, 이 경우 관계망은 "인간 사회를 통해 번개처럼 가지를 치고 복잡한 패턴으로 발전한다." 사람들이 어떤 생각을 반영하는지는 그들이 속한 공동체 구조에 따라 다르다. 특정한 친목 모임에 한 다리 건너 이혼하는 부부가 있을 경우 자신들도 이혼을 고민한다. 주식시장이 분쟁 요인에 따라 요동치고, 학생들이 과다한 성취 요구로 고통받는 이유도 다 그 때문이다. 이 사건의 경우 건고등학교의 두 학생은 어쩌면 성취 또는 실패와 관련된 생각들에 전염되었을 가능성이 크다.

프랑스 인류학자 귀스타브 르봉Gustave Le Bon에 따르면 생각 말고도 사회전염 유형이 더 존재한다. 사실 영향력은 생각 자체보다 전염성이 강하다. 그러고 보니 육아 경향이라든지 과도한 노동윤리 등에 수반하는, 그런 부류의 전염성 행동들이 두 학생의 수수께끼 이면에 있을지도 모르겠다.

르봉은 주변인들의 지혜나 역기능이 개인의 지혜 또는 역기능을 구축한다고 말한다. "누구든 상당 기간 무리에 휩쓸릴 경우 자신의 상태가 전과 같지 않음을 깨닫는다. 이는 일종의 황홀경과 유사하며, 이때 최면에 걸린 개인은 최면술사에게 좌지우지된다." 타인과 함께 서 있는 것만으로도 우리는 충동, 불안, 논리 부족, 판단 결여, 감정 과다 등 온갖 행동에 노출된다. 그렇게 함으로써 우리는 우리 자신 혹은 더 나아가 전통적인 사회 관습에서 일탈하고 만다.

그렇다면, 전염성 행동심리학을 팰로앨토 사건에 적용하는 것도 가능하겠다. 어쩌면 우리가 목격한 것은 집단의식Hive Mentality, 즉 유독성 집단사고와 행동 증후군의 결과일 수도 있다. 아이들은 자라면서 주변 인물의 일반적인 기준을 채택하지만, 이는 섣부르고 비합리적이고 무분별한 모방이자 맹목적 충동의 반영이라 할 수 있다. 지극히 폐쇄적이고 조밀한 공동체의 경우, 행동을 반영하는 사람들이 많을수록 지배적 경향의 전염성도 강해진다. 수창자首唱者(우두머리가 되어 제일 먼저 주창하는 사람_옮긴이)의 성별과 나이와 구성원들과의 관계도 중요하며, 마찬가지로 관찰자의 성격, 외향성과 내향성의 비율, 순응의 부담에 대한 개인의 본능적 반응도 모두 의미가 있다.

전염성이 강한 생각과 행동 외에도 정서적 전염이 어떤 식으로 이 상황에 영향을 미쳤는지 고려해봐야 한다. 예를 들어 개인의 기대치와 관련된 감정들도 또래 사이에서 전파되고 전염된다. 표정과 동작, 말투와 태도는 자동적이면서도 고정적으로 동화함으로써 정서적 전염의 비율을 결정하지만 그 비율이 단지 일대일에 국한하지 않는다. 정서는 마치 원자폭탄처럼 밖으로 발산해 인간 공동체를 휩쓸며, 각 개인은 인간의 정서적 경험과 관련해 닥치는 대로 수용하고 반영한다.

이러한 전염의 영향력은 어느 정도 개연성은 있으나 그 어떤 것도 팰로앨토에서 일어난 현상을 완벽하게 설명하지는 못한다. 팰로앨토의 주민들만큼이나, 나 또한 특별한 원인 하나를 제시하고 싶었다. 그러나 조사를 하면 할수록 상황이 그렇게 단순하지 않다는 사실만 분명해졌다. 그래서 사회전염 유형을 개별적으로 들여다보는 대신, 고전염성 질병들의 특성들이 서로 맞물려 있을 가능성까지 염두에 두기로 했다. 요컨대, 전염성 현상들이 대혼란처럼 한데 섞인 것이다. 그러니까 이것은 '이상한' 전염병이다. 이상한 전염은 은밀하게 사람들 사이를 헤집고 다니는, 수많은 공통 현상들로 이루어졌다.

어쩌면 이 비극은 생각, 행동, 감정 중 어느 단일한 유형의 사회전염 현상이 아니라, 그 모두가 얽혀 만들어낸 끔찍한 참사일 것이다.

대혼란

    건고등학교 교사인 로니 하비브와는 초보아빠교실에서 만났다. 뭉치면 살고 흩어지면 죽는다는 장엄한 모토 덕분에 우리는 빠르게 가까워졌으며, 아기를 어떻게 안고, 어르고, 기저귀를 갈아주는지 동지 의식을 갖고 배워나갔다. 틈틈이 개인사를 들으며 느낀 바이지만 그의 순박한 얼굴과 온화한 눈빛에서 희망이 꺼진 적이 거의 없었다. 하비브의 인상은 늘 여유롭고 상냥했다. 뭐든 주저하는 법이 없었으며 학생들에게도 항상 자신감을 심어주는 교사였다. 특히 당혹스러운 소식을 전해야 할 때 그런 모습이 잘 드러났다. 그런데 두 번의 비극이 일어난 지 불과 3개월이 되지 않아 세 번째 참사가 일어나고 말았다.

    새 학기가 시작될 무렵, 카트리나 홈스라는 신입생이 학교 근처의 선로에서 목숨을 끊었다.

일요일 아침, 초보아빠교실이 끝나고 하비브가 이렇게 고백했다.

"경제학 수업 때 학생들한테 어떻게 말해야 할지 모르겠어요. 솔직히 말하면 나도 그 일이 머리에서 떠나지 않는걸요. 사건을 주제로 토론을 하나요? 아이들한테 고민해보라고 부추겨요? 아니면 고개나 떨구고 아무 일 없었다는 듯 살아가라고 해야 합니까?"

홈스가 죽은 후, 혼란스럽기로는 나도 하비브 못지않았다. 초보 아빠였기에 비탄에 빠진 아버지들 심정도 십분 이해할 수 있었다. 텅 빈 침실을 바라보는 것조차 괴로울 테고 상실감 뒤에는 깊이를 알 수 없는 두통이 자리할 것이다. 지방 라디오방송에서 홈스의 죽음을 보도할 때마다 카오디오 볼륨을 높였다. 행여 누군가 나타나 죽음의 행렬을 막아주지 않을까 기대했으나 소위 전문가들이라고 해봐야 뻔한 얘기만 늘어놓았다. "이 마을은 연쇄자살Cluster Suicide을 겪는 중입니다. 세 사건 모두 장소와 시간 그리고 정신질환으로 연결되어 있습니다."

두렵기도 했지만, 사건은 당연히 호기심을 건드렸다. 팰로앨토는 지성과 부, 2세들의 밝은 미래로 명성이 높은 지역이다. 그런 조건들 때문에라도 연쇄자살은 더욱더 말이 되지 않았다. 세 아이 모두 장래가 창창하지 않았던가.

다른 논문을 찾기 위해 스탠퍼드대학 도서관을 방문했지만 찾아야 하는 논문 대신 연쇄자살 관련 학술논문들을 뽑아들고 있었다. 기록할 만한 자료도 하나 찾았다. 1984년, 오스트리아의 젊은 사업가가 지하철 앞으로 뛰어든 후 거의 1년간 매주 다섯 명의 비율로 동조 자살이 이어졌다고 한다.

유키코 오카다岡田 有希子, Yukiko Okada라는 대중가수 이야기도 있었다. 1986년 그녀가 자살한 뒤 일본에서만 10여 명이 따라 목숨을 끊어 유키코 신드롬을 낳기도 했다. 다른 논문에서는 중국의 유명한 무성 영화배우 완령옥阮玲玉, Ruan LingYu의 얘기를 읽었다. 1935년에 자살했는데 전국적으로 그 슬픔이 얼마나 컸던지 장례식이 진행되는 동안 여성 셋이 스스로 목숨을 끊었다.

요한 볼프강 폰 괴테Johann Wolfgang von Goethe가 1774년 『젊은 베르테르의 슬픔』을 발표했을 때에도 독자들은 주인공을 따라 권총 자살을 했다. 200년 후, 사회학자 데이비드 필립스David Phillips는 매체가 누군가의 자살을 미화하면 또 다른 죽음을 자극할 수 있다고 경고했다. 그 경우 죽는 방법도 동일할 가능성이 크다. 요컨대 심신이 나약한 사람들이 사건을 둘러싼 일화나 상황 등을 모방하면서 필립스가 말하는 소위 베르테르효과와 맞닥뜨린다는 것이다. 그런 사건들은 일정한 집단 내의 자발적 반영 효과에서 비롯된다. 전염 수단도 낯이 익다. 비록 예방 효과는 없었지만 일레인 해트필드, 리처드 도킨스, 귀스타브 르봉 모두 그 문제에 대해 쓰지 않았던가.

다행히 어느 곳에서도 연쇄자살은 더 이상 이어지지 않았다. 오스트리아의 지하철 자살 사건을 조사한 후 특별대책위원회는 매체의 과도한 관심이 치명적인 생각, 행동, 감정의 전파에 어느 정도 책임이 있다고 적시했다. 평생 자살을 생각해

본 적이 없으며 하물며 지하철에 뛰어드는 건 상상도 안 해본 사람일지라도, 무의식적으로 그 생각을 하게 되고 터무니없는 행동까지 감행하게 된다는 것이다. 위원회는 이상한 전염 사건이 매체 노출을 빌미로 전파했으며 따라서 연쇄자살을 막기 위해 빈시[市]에서 기사에 재갈을 물려야 한다는 주장까지 내놓았다. 계획은 먹혀들었다. 신문 1면에서 기차 사고 기사가 사라지자 모방 비율도 80퍼센트까지 떨어졌다.

재갈 방식이 너무도 효과적으로 모방자살을 막은지라, 미국 공중위생국장과 애넌버그 공공정책센터는 비구속적 가이드라인을 정해 자살을 자극하거나 매혹적으로 보이지 않게 해줄 것을 매체에 당부했다. 나약한 사람들을 위한 조치였다. 대학의 소아·청소년 정신의학과도 지역 매체와 협력하여 학교 학생들의 자살 사건을 짧게 처리하거나 적어도 1면에 올리지 않도록 했다는 사실도 기록보관소에서 확인했다. 경찰이나 최초 발견자의 인터뷰 대신, 예방 전문가들의 조언을 구하도록 편집장들을 설득한 것이다. 기자들에게도 참사를 지나치게 선정적으로 묘사하지 말 것을 주문했다.

이 가이드라인은 효과가 있는 듯했다. 더 이상의 참사 없이 몇 주가 지났다. 마을은 비극적 여름의 잔해를 수습하고 호흡을 고르고 결의안을 마련했다. 결의안이 채택되고 모든 일이 해결되는 것처럼 보였다.

우기가 시작할 무렵, 열여섯 살 소녀 윌리엄 디킨스가 건고등학교의 네 번째 기차 희생자가 되었다. 자가용을 몰고 아파트에서 두어 블록 지났을 때였다. 나는 방송에서 그 소식을 듣고 라디오를 끈 뒤 천천히 브레이크를 밟았다.

"빈의 경우와 달라!"

전형적인 매체 치유 방식은 팰로앨토에서 효과가 없었다. 오스트리아는 기사를 통제하는 방식으로 연쇄자살의 확산을 막았다. 동일하게 매체 기준을 지켰지만 건고등학교의 학생이 또 목숨을 끊었다. 팰로앨토의 이상한 전염병은 지극히 독특하고 너무도 끔찍했다. 사실 기록보관소에서 선례들을 찾아냈을 때만 해도 마음이 놓였다. 먼저 연쇄자살을 겪고 극복한 사람들이 아닌가. 그런데 그런 식의 논리가 이곳에서는 먹히지 않은 것이다. 이유는 도무지 짐작도 가지 않았다.

결국 과학의 손을 빌리기로 하고 피터 토터델[Peter Totterdell], 앨버트 밴듀라[Albert Bandura], 피터 샐러베이[Peter Salovey], 존 메이어[John Mayer] 같은 심리학자들의 논문을 찾았다. 덕분에 특별한 그림을 얻기도 했다. 물론 팰로앨토가 독특하기 때문이었다. 동기 추적 다음으로 특정한 조건들, 즉 여타의 시간과 공간 그리고 환경, 기온, 변태, 숙주가 혼재된 가운데, 그 속에 함께 버무려진 조건들을 찾아 나섰다. 어쩌면 마을 특유의 스트레스 때문일 수도 있다. 아니면 누군가의 주장처럼, 마을의 교육 철학이나 고득점만을 강조하는 극성 부모 탓이리라. 마을의 수십 가지 고유한 성격이 태풍처럼 한꺼번에 밀어닥쳤을 수도 있다.

이 태풍의 눈 속에 건고등학교가 있다. 상대적으로 범죄와 폭력에서 자유로운 자급자족 시스템이며 전국에서 가장 부유한 가족들이 학교 인근 지역에 산다. 학부모들은 그 부근 휴렛팩커드, 나사의 에임스연구센터, 페이스북, 테슬라모터스, 구글, 스탠퍼드대학에서 일을 하며 이들 가족 중 3분의 1 이상이 적어도 한 명은 고액 연봉을 받고 있다. 이토록 화려한 배경을 가졌지만 그 누구도 참사를 합리적으로 설명하거나 예방책을 내놓지 못했다. 10대 자살이 가장 빈번한 곳은 대부분 대도시 슬럼가나 빈민촌이다. 하지만 팰로앨토는 가장 부유한 마을이다. 매체를 통제하는 방법으로 연쇄자살을 막지 못한 것도 분명하다. 학교에서도 예방 차원에서 현장 치료 같은 안전장치를 도입했지만 소용이 없었다. 어느 것 하나 그 자체로 연쇄자살과 관계가 없는데도 희생자는 자꾸 늘어만 갔다.

도대체 이유가 뭘까?

＊
＊＊

로니 하비브도 해답을 찾아 나섰다. 학생들이 왜 목숨을 포기하는지 이유를 알아야 했다. 어느 날 아침, 육아 수업이 끝나고 우리는 프린터스잉크 카페에서 함께 식사를 했다. 늦은 아침 햇살이 눈부셨다. 한 블록 거리의 에움길, 칼트레인이 빽

삑 두 번 기적을 울리며 쏜살같이 지나갔다. 실리콘밸리 사람이라면 누구 할 것 없이 이력이 난 소리다. 가늘고 신경질적이고 폭발적인 굉음이었다.

여름과 가을에 죽은 학생들 대부분이 한두 번쯤 그의 경제학 수업을 거쳐 갔다. 다른 학생들은 그럭저럭 지내고 있다고 했다. "말하기는 그렇지만, 다들 두렵고 슬퍼해요. 보호도 받고 있죠. 지나칠 정도로. 군대도 그 정도는 아닐 겁니다."

그렇게 말하면서 하비브는 표정이 어두워졌다. 목소리도 가라앉았다. 학생들이 죽을 때마다 이유가 뭔지, 어떻게 하면 멈출 수 있는지, 자신이 어떤 일을 할 수 있는지 고민에 고민을 거듭해야 했다. 학교 시스템도 알고 학교가 어떤 학생들을 교육하는지도 알고 있다. 지금은 교사이지만 한때는 그 역시도 그 학교 학생이었다. 교사가 되기 전, 건고등학교 학생일 때 하비브는 친구들과 실리콘밸리에서 전설적 테크놀로지의 길을 설계해보자는 얘기도 했다. 아마 그랬다면 엔지니어가 되어 돈을 많이 벌고 조기 은퇴했을지도 모른다. 불행히도 하비브는 엔지니어로서 역량이 부족했다. 코딩을 이해하지 못하고 수학을 싫어한 데다, 평생 컴퓨터 모니터 앞에서 살아야 한다고 생각하니 끔찍하기만 했다. 그래서 친구들이 벤처회사에 입사하고 첨단회사를 설립할 때 그는 교직으로 빠졌다. 어쨌든 공학보다는 교육이 훨씬 적성에 맞았다. 190센티미터의 큰 키와 이스라엘 억양의 묵직한 목소리도 교실에서 권위를 세우는 데 도움이 되었다. 서른 살이 되면서 그는 교사와 학생 사이의 간극을 크게 좁혔다. 다른 사람들보다 학생들의 고민을 쉽게 눈치챌 위치에 있다고 자부했지만 그런 하비브도 학생들의 죽음의 징후는 전혀 느끼지 못했다.

하비브는 학생들을 추모했다. 장 폴 블랑사르는 똑똑하고 인기가 많았다. 여자친구도 있었다. "절대 자살 같은 걸 생각할 놈이 아닙니다." 하지만 그의 말에는 힘도 확신도 없었다. 소냐 레이메이커는 연극과의 수석 기획자였다. 무대를 꿈꾸는 후배들에게는 부모와도 같은 존재였으며, 심지어 교직원 자녀들을 돌봐주기까지 했다. 카트리나 홈스는 학교에 입학도 하기 전이라 하비브가 교실에서 만날 기회는 없었다. 윌리엄 디킨스는 상냥한 아이로 기억했다. 운동을 잘했고 수영부의 스타였다.

"점점 나빠져요. 사람들도 자기 아이들이 잘못될까 무서워합니다." 당연히 죽은 학생들이 원망스러울 것이다. 학교 행정에도 마구 비난이 쏟아져, 전국 공립고등학교 상위 1퍼센트라는 찬란한 학업성취까지 빛을 잃기 시작했다. 그렇다고 학교나 전반적인 학업 계획이 비극의 원인 같지는 않았다. 이 비극에 도대체 어떤 메커니즘이 작동하는지는 그로서도 알 길이 없었다. 전문가들이 조사를 하고 개연성 있는 통계자료를 내놓고는 있지만 이 사건을 정확히 아는 사람이 아무도 없다는 게 그의 판단이었다.

아무튼 그에게도 가설은 있었다.

전염에 대한 어떤 편견

하비브는 식사를 마치며 나를 학교에 초대했다. 나도 제안을 받아들였다. 2010년 정월 무렵, 우리는 학교 행정부 건물 안에 있는 하비브의 소박한 연구실에 앉았다. 연구실은 다리를 뻗거나 걸을 공간이 없을 정도로 좁았고 낡은 카펫 냄새가 났다. 문득 그도 나처럼 어린 아들이 걱정되는지 궁금했다.

"엉뚱한 소리 같지만, 우리 아이들도 이런 상황에 전염될 가능성이 있을까요?" 내가 찔러보았다.

뜬금없는 얘기였다. 내 입에서 이런 얘기가 나오다니. 마치 통제를 벗어난 강력한 요인들이 실재해서 우리의 행동과 생각과 감정을 좌지우지한다는 얘기가 아닌가. 그래도 우리에게는 사실뿐이었고 그 사실로부터 결론을 이끌어낼 필요가 있었다.

희생자도 하나 더 늘었다. 일주일 전, 경찰 당국이 건고등학교 학생의 시신을 발견했다. 나이는 열아홉 살, 이름은 브라이언 베니언 테일러였다. 지난 5월 학생 네 명이 목숨을 던진 건널목에서 북쪽으로 불과 100미터쯤 떨어진 지점이었다. 레슬링 대표선수이자 테니스 선수였고 봉사상 수상자였다. 더욱이 졸업반 홈커밍 프린스 후보이기도 했다.

경제적으로도 부유하고 (겉으로 보기에) 적응력도 좋은 아이들 다섯이 기차에 뛰어들었다. 그 배경이 무엇이든 간에, 다른 아이들은 절대 그 힘에 굴복하지 않는다고 어떻게 장담하겠는가? 다른 한편으로는 몇 사람이 자살했다고 해서 아이들 모두가 극단적 선택을 하리라는 법도 없다. 몇 년 후에 우리 아이들까지 모방할 것 같지는 않지만 자살에 관해서라면 그 어느 것도 논리적으로 설명할 수는 없다.

"설마요. 어쨌든 그렇지 않기를 바라야죠." 하비브가 머뭇머뭇 대답했다.

하비브는 갈색 봉지에서 점심을 꺼내 책상에 늘어놓았다. 책상도 어찌나 낡았던지, 이 연구실이 학교에서 제일 오래된 방인가 하는 생각도 들었다.

"아무튼, 실리콘밸리는 전염이 특기인가 봅니다." 그가 중얼거리며 치즈 샌드위치를 깨물었다.

하비브의 가설은 흥미롭다. 전염이 특기가 되려면 굉장히

절묘해야 한다. 실체, 기막힌 타이밍, 적합한 환경, 약간의 기적이 제대로 효과를 발휘해야 하는 것이다. 하비브가 보기에 실리콘밸리는 위대한 상품을 만들기 위해 존재하며, 그 기록은 여전히 난공불락이다. 진공관, 음향 발진기, 개인 위성, 프리미엄급 전기자동차, 소셜미디어와 스마트폰, 30달러 후드티셔츠와 데님 작업복, 면티셔츠 이 모두가 전염성이 있다. 실리콘밸리를 움직이고 혁신을 부르는 방식과 특성들, 즉 크게 생각하고 투명성을 창조하는 것에는 물론이고, 우버와 에어비앤비의 피투피^{P2P} 공유경제를 개발하는 과정 등에도 역시 전염성이 있다.

불과 6개월 사이에 학생 다섯이 죽은 데에는 실리콘밸리도 책임이 있다. 왜 하필 실리콘밸리냐고? 사람들 얘기를 들어보면, 연쇄자살은 혁신 기반 경제공동체의 독특한 부자 문화 증후군이 만들어낸 비극이었다. 역겨울 정도로 야심에 찬 직업윤리의 폐해일 수도 있고, 신기술 본유의 버그 때문일 수도 있다. 게다가 매체가 나쁜 생각의 확산에 군불을 지핀 것이다. 혹자는 광란효과$^{Frenzy Effect}$의 유독성을 거론한다. 비이성적 히스테리의 폐해, 악의의 전파, 우리가 모범으로 여기는 지도자들의 부작용도 도마 위에 올랐다. 누군가는 부모의 과도한 기대치와 과도한 결단이 원인이라고 했다. 극단으로 치닫는 미국의 문화와 교육 환경이나 전대미문의 극단적 불안 증후군과 신경쇠약 증후군 등을 꼬집는 이도 있었다.

물론 이런 생각과 행동과 감정이 모두 전염 현상이며, 그중 일부가 (전부는 아니더라도) 이 이상한 전염 사건을 일으켰다고 해도 못 믿을 이유는 없다. 하비브 말처럼 실리콘밸리가 다른 지역보다 전염에 적격이라면, 연쇄자살 이면에도 동일한 메커니즘이 작동할 것이다. 어떤 메커니즘인지 묻는다면 이곳에서 작동하고 또 언제나 먹혀들던, 소위 무의식적 동화 요인을 얘기할 수 있다. 사실 그런 식의 통찰력이 실리콘밸리 기업의 혁신을 촉발하고, 시장의 수요를 읽고, 다른 지역보다 월등한 성과를 가능하게 해준 것도 사실이다.

그러는 동안 기차는 실리콘밸리를 통과했고 팰로앨토 마을의 자살률은, 무한 루프에 걸린 듯 전국 10년 평균의 다섯 배까지 치솟아 올랐다.

점심 식사 후 하비브가 학교를 안내했다. 교정은 정말 기가 막혔다. 학교의 건물 벽은 벽옥색이었고 지붕은 빛바랜 혈암이었다. 건물 사이로 통로가 이어지고 안개가 진녹색 나무 사이를 헤집고 흘렀다. 멀리 풋힐 고속도로에서 아련히 경적 소리가 들렸다. 학교는 후배지後背地(도시나 항구의 경제적 세력권에 들어 밀접한 관계를 가지는 주변 지역_옮긴이)는 물론 주변 싸구려 공동주택들과도 완벽하게 어우러져 흡사 1950년대 건물의 감수성을 보는 듯했다. 연료는 값싸고 구리도 공급이 달렸던 시절이다. 그 후 세월이 흐르면서 최첨단으로 단장을 하기는 했다.

우리는 콘크리트 안뜰의 짧은 옹벽에 기댔다. 빈 공간 어디나 학생들이 가득했다. 삼삼오오 몰려다니기도 하고 혼자 걷는 학생도 있었다. 다들 수업에 늦지 않기 위해 고개는 숙이고 발은 민첩하게 움직였다. 우리는 짐짓 저 학생들에게 아무 일도 없을 거라고 믿는 척했다. 근심과 위험은 사라지고 만사가 술술 풀릴 것이다. 애초에 이 마을의 존재 이유가 불가능한 문제를 해결하는 데 있지 않았던가. 당연히 이 상황도 해결할 것이다.

그런 믿음과 상관없이 학생들이 교정을 오가는 모습을 지켜보자니 내 가슴엔 커다란 쇳덩이 하나가 얹힌 기분이었다. 사건을 분석하려는 기자적 본능이 있었지만 그 차원을 넘어 개인적으로라도 해결책이 있는지 확인할 필요가 있었다. 눈에 보이지 않는 이 괴물의 약점을 어떻게든 파고들어야 한다. 그렇다. 이 학생들이 정말로 안전한지 알고 싶다. 그리고 내 아들을 보호하고 싶다.

학생들의 죽음을 너무 오래 생각했는지 하비브의 눈에서 자신감이 시들어갔다. 눈빛은 아련해지고 입술도 굳게 다물었다. 학생들은 왜 자살했을까? 이유는 모르겠지만 원인이 실리콘밸리에 있다는 사실만큼은 분명해 보였다. 이곳은 마치 최선과 최악으로 빚어낸 골룸 같았다. 문득 앤 맥휘르^{Anne McWhir}의 책이 생각났다. 소설가 메리 셸리가 어떻게 살과 조직과 뼈를 수습해 생명을 만들었는지 연구한 책인데, 그 결과물은 이질적인 시신들을 조합한 누더기 인간이었다. 누더기 인간은 주변의 행동들을 "모사하고 복제함으로써" 세상을 이해한다. 그녀의 주장에 따르면 무의식적인 사회학습 과정은 "우리 자신의 상황을 삶의 스승과 제자처럼" 받아들인다.

아이들이 주변 세계를 반영하며 지식을 습득한다면 무의식적 반영은 아이들이 인간이 되고 살기 위해 배우는 방식이 된다. 그렇다면 도대체 우리는 어떤 선례를 만들고 있는 걸까?

*
**

무의식은 피상의 바로 아래이자 각성의 바로 저편에 있는 영역이며 바로 그곳에서 이 이상한 전염 사건을 형성하는 요소 모두가 작동한다. 각각의 요소는 소리 없이 이 사람 저 사람을 오가며 기하급수적 비율로 번져 섬뜩하면서도 터무니없는 결과를 낳는다. 무의식은 어쩌면 바빌론 사람들이 수메르 계산법에 0을 더한 이후 가장 논쟁적이고 혁명적인 이론일 것이다.

무의식적 반영은 직관과 본능, 심지어 공감보다 의미가 크며 (우리가 생각하기에) 타인이 경험하는 상황에 기초한다. 그와 달리 사회전염은 타인의 생각과 행동과 감정을 완벽하게 모방하는 것이다. 이는 친구의 즐거운 감정에 공감하는지 아니면 흥분, 심장박동 증가, 엔도르핀 방출 등 상대의 감각을 우리가 실제로 똑같이 경험하는지의 차이다. 그런데 무엇보다 흥미로우면서도 당혹스러운 점은 우리가 타인의 경험에 감염되었다는 사실도, 그 경험이 마치 컴퓨터 운영 시스템처럼 이면에서 우리 삶을 좌지우지한다는 사실도 모른다는 것이다.

무의식은 각성 사이의 틈을 뜻하며 훨씬 강력한 동인으로써 어둠 속에서 작동한다. 무의식은 반사적이며 직관적이다. 무의식은 우리가 행하고 또 세상에 대해 알고 있다고 믿는 거의 모든 것에 통찰력을 제공한다. 우리 마음속에 간직한 가장 오래된 지식이자 광대하고 신비한 기억의 총체다. "두뇌에서는 늘 엄청난 일들이 벌어지고 있으나 우리의 생각과 행동과 감정은 의식의 통제를 받지 않는다." 신경과학자 데이비드 이글맨David Eagleman의 주장이다. 그의 설명에 따르면 의식적 자아를 관리하는 것도 중요하지만 의식은 정신 기능의 일부에 지나지 않는다. 반대로 무의식은 내면의 삶을 검열하는 데 에너지 대부분을 집중한다.

하지만 인류는 알 수 없는 무의식 세계를 규정하고 이해하기 위해 역사적으로 엄청난 노력을 기울였다. 내과의사이자 생리학자인 빌헬름 분트Wilhelm Wundt 같은 근대 심리학 개척자들은 정신이 자체의 작용을 의식한다고 믿었다. 하지만 19세기 물리학자 헤르만 폰 헬름홀츠Hermann von Helmholtz의 이론이 맞다면 두뇌는 정신의 눈에만 반응하는 것이 아니다. 극장이 어떤 식으로 관중을 착시의 몽환 속으로 유도하는지 보자. 무대와 배우들의 연기가 어떻게 우리를 울고 웃게 만드는지 생각해 보자. 저 똑똑한 두뇌에서도 바로 이 알 수 없는 영역이 무의식의 작품이라는 얘기다. 지크문트 프로이트Sigmund Freud는 더 나아가 의식과 무의식, 전의식을 구분하고 정신이 어떻게 자신의 손아귀 밖에서 노는지 설명하려 했다. 살바도르 달리Salvador Dali와 막스 에른스트Max Ernst는 무의식을 통해 깨진 달걀, 곤충의

등껍질, 목 없는 시체, 자연의 혼란 등 기이한 초현실적 작품을 그려냈다. 캘리포니아대학 버클리캠퍼스의 존 F. 킬스트롬^{John F.} ^{Kihlstrom}을 비롯한 무의식 탐험가들은 식역하 지각^{Subliminal Perception} 과 암묵기억^{Implicit Memory} 그리고 최면을 통해 무의식에 접근할 수 있다고 주장한다.

혹자는 무의식이 현재와만 관련이 있다고 생각한다. 무의식 렌즈는 감광도가 떨어져 허구와 실제를 구분하지 못한다는 이도 있다. 그 밖에는 무의식을 단순히 검열 체계로 정의한다. 요컨대 무의식은 우리 내면세계의 국가안전국이며 우리 경험을 모두 관찰하고 자는 동안에도 기록을 쉬지 않는다. 고성능 GPS가 되어 우리에게 지도를 주고 어디로 갈지 얘기해주기도 한다.

그리고 북부 캘리포니아의 부촌에 사는 학생 다섯이 왜 달리는 기차 앞으로 뛰어들었는지 바로 여기에 이유가 있다고 주장하는 사람들이 있다. 절망감, 치명적 행동, 복잡한 심정들이 미묘한 신호와 신경학적 자극을 통해 무의식을 건드렸다는 것이다.

이 모두가 가리키는 바는, 분명 인간의 내면에 이상한 전염을 부추기는 무언가가 있다는 것이다. 내가 보기에 무의식은 어쩌면 전염을 막는 역할을 할 수도 있을 것이다.

본격적으로 조사를 시작하다

학교를 다녀오고 얼마 후 예일대학에 전화를 했다. 예일대학의 인간본성연구소는 최근 사회전염과 관련해 매우 의미 있는 업적을 세운 바 있다. 연구소장 니컬러스 크리스타키스도 사회전염과 전염자들의 상호작용 연구로 입지를 굳힌 인물이다.

"우리의 행위 중에서 어디까지가 자발적이고, 어디까지가 무의식적으로 타인을 모방했는지 판단하기 어렵습니다." 그의 목소리는 저음이지만 단호했다. 가령 어느 특정한 날에 우리가 어느 정도까지 사회에 전염됐는지 판단할 수 없다는 것이다. 하물며 평생을 고려한다면 더더욱 상상하기 힘들다. 크리스타키스가 수십 년에 걸쳐 이루어놓은 연구 업적을 보면, 사회전염은 우리 삶의 영역과 풍경 전반을 규정할 정도로 강력하다. 그리고 은밀한 영향 체계로 인간 모두를 이어준다.

크리스타키스는 동료학자 제임스 파울러와 함께, 네트워크와 인간 행동을 폭넓게 다룬 보고서에서 생각과 행동과 감정에는 '흐름'이 있다고 주장했다. 상대적으로 가까운 거리에 있다면 그 영향은 한 사람을 넘어 수많은 사람에게 전파된다. 퇴행 기반 모델들을 관찰하고 실제로 실험을 해보니 사회전염은 실제로 존재할 뿐 아니라, 투표 행위부터 공중보건 중재에 이르기까지 영향을 미치지 않는 곳이 없었다.

예를 들어 온두라스의 가족 수백 세대를 조사한 결과, 주변에서 폭력을 목격한 사람과 직접 행한 사람들 사이에도 교집합이 있었다. 다른 실험에서는 인도의 75개 마을을 점검한 결과, 위생 화장실을 채택한 이면에 특별한 유형의 사회 영향력이 발동했음을 확인했다. 또한 여타의 경우를 통해 또래효과Peer Effect와 개인 간의 영향Interpersonal Influence이 상냥함, 알코올중독, 외로움, 심지어 정치 성향까지 전파한다는 사실을 밝혀낸 바 있다.

"지구인들이 서로 이어져 있다면 한 개인이 전 세계에 영향을 미친다는 가설도 터무니없지만은 않을 것이다." 두 사람이 자신들의 주요 저서 『관계Connected』에서 주장한 얘기다. 크리스타키스의 논지에 의하면, 오늘날 그런 현상은 우리 생각보다 훨씬 개연성이 있으며 보다 일반적이다. 이따금 결과가 부정적이기는 해도, 그 밖의 경우라면 우리에게 놀랍도록 도움이 되기도 한다. 사회전염은 사람들에게 흡연과 음주를 전파하지만 다른 한편 무의식적으로 협조를 유도하기도 한다. 여전히 사람들을 속여 경제성장과 개인의 부 축적을 조장하는 사람들도 존재한다. 보다 심각한 경우에는 사회전염을 이용하여 타인에게 막대한 권력을 휘두를 수 있다. 일부에게는 아주 높은 생존 본능에 반하는 특성을 투사하고 다른 사람에게는 이를 수용할 능력을 부여하기 때문이다.

자살 사건의 노출만으로 자살 행동이 확산되지는 않는다. 정신과의사들은 그 외에도 환경과 개인의 성격을 잠재적 요인으로 보았으며, 정신건강 문제와 문화 소통 장벽까지 포함하기도 한다. 생각과 행동과 감정이 상호작용하고 영향력을 미치며 사적 네트워크를 헤집고 다닌다는 사실을 고려할 때, 다른 누군가는 치명적 요인들이 흘러내리듯 전염되는 것을 목격하기 시작할 것이다.

일부 사회전염에 위험 요소가 내재하기는 하지만 크리스 타키스는 그 모두를 삶의 파괴자가 아니라 연결자로 보았다. 예일대학과 하버드대학, 펜실베이니아대학의 연구 결과를 인용하면서 행복이 세 다리 건너의 사람들까지 연결하기 때문에 악연은 우리 자신을 불행하게 만들 기회를 늘리는 것이라고 다시 한 번 상기시켰다. 간접 스트레스는 최초 반응자들을 피해자와 맺어준다. 심리학자들은 홀로코스트 생존자들을 치유하면서 그들과 악몽을 공유한다. 외상 후 스트레스 장애는 3세대에 걸쳐 묶이고 사건 하나만으로 100년 이상 사람들을 이어준다. 노동 현장의 활력은 직원들이 협동하고 협력하도록 유도하며, 스포츠 팀원들의 경우 사회전염은 선수들을 동지애로

이어주어 성적 향상에 이바지한다.

이런 식으로 정보가 범람한 덕분에 지난여름 이후 축적해 둔 자료에 단편적인 지식들이 더해졌다. 그중에서 노란색 메모지 여백에 휘갈겨둔 질문 하나를 찾아냈다.

크리스타키스에게 단도직입적으로 물어본 적이 있다. "실리콘밸리가 전염체들을 생산해내는 능력이 탁월하다면, 그 능력으로 치료제도 만들 수 있지 않을까요?" 그래야 팰로앨토가 이 전례 없는 이상한 전염 사건에 맞서 싸울 수 있지 않겠는가.

크리스타키스는 잠시 고민하는 눈치였으나 딱히 해답이 있을 리 없었다. 그는 대신 이렇게 대답하였다. "지금껏 확인한 사실만으로도 분명 기회는 있습니다. 기회가 있다면 연구해볼 가치도 있겠죠."

그는 나에게 팰로앨토 외부에서 일어났던 이상한 전염 사례도 찾아보고 사람들이 어떻게 감염되고 어떻게 저항하고 또 어떻게 이겨냈는지 확인해보라고 제안했다. 어딘가에서도 분명 누군가 똑같은 질문을 했을 것이다. 이상한 전염과 싸우고 실험하고 결국 해결책을 찾아냈을 것이다.

2부

완벽한
모델

"아이들은 어른 얘기를 제대로 듣지 않지만
어른 흉내라면 한 번도 실패한 적이 없다."

제임스 볼드윈James Baldwin

전염을 시작하는 법

　런던으로 국제전화를 걸자 잘못된 번호로 이어졌다. 몇 번의 시도 끝에 마침내 학자풍의 우아한 목소리가 전화를 받았다. 나는 머뭇거리며 제럴드 러셀^{Gerald Russell}이 맞는지 물어보았다. 영국의 심리학자 제럴드 러셀은 역사상 가장 중요하고 이상한 전염 사건인 폭식증을 최초로 다룬 인물이다.

　크리스타키스가 연락해보라고 제안한 것인데 오래지 않아 그 이유를 알 수 있었다. 팰로앨토의 이상한 전염처럼 러셀이 다루는 사건도 젊은이들과 관계가 있었고 부모의 압력과 매체 노출 문제로 시끄러웠다. 팰로앨토의 전염과 마찬가지로 섭식장애^{Eating Disorder} 역시 가지각색의 다양한 사회전염으로 이루어졌다. 옥스퍼드대학은 섭식장애를 일방적 심상전염^{Idea Contagion}과 동일시했다. 마른 몸과 완벽주의에 대한 왜곡된 생각과 믿음을 증식했다는 것이다. 바드대학도 섭식장애가 일방적 행동전염에 의한 것이며 왜곡된 믿음이 단식과 영양결핍 행동을 전파한다고 주장했다. 미네소타대학에서는 섭식장애를 일방적인 정서적 전염으로 묘사하고, 무력감과 절망감, 불안과 우울증을 전파한다고 했다.

러셀과 나는 섭식장애의 본질과 특별한 역사적 의미에 대해 이야기를 나누었다. 러셀은 지역, 경향, 문화를 삼각측량해가며 나를 기원전 700년으로 데려갔다. 로마 갑부들이 설사유발제까지 써가며 끝없이 향연을 이어갔다는 시대였다. 동부 사막의 고대 이집트인들은 병에 걸리지 않기 위해 배를 소독하고 중국의 왕조들은 위험할 정도로 식이요법을 즐겼다. 섭식장애의 전통은 아프리카 평원까지 이어졌으며 그곳 부족들은 아사지경까지 다이어트를 행했다. 16세기에 들어서자 소모성 질환에 걸린 여자들을 화형에 처했다. 전 역사에 걸쳐 섭식장애 전염은 종종 종교적·문화적 극단과 관계가 있었다. 르네상스 시대의 유럽, 독실한 여성들은 영적 단계에 들기 위해 음식 섭취를 삼갔다. 17세기 말 문화 부활 시대가 막을 내린 후, 내과의사와 정신과의사들은 "뼈다귀에 옷만 걸친 여성" 수가 급증했다고 기록했으며, 2세기 뒤에는 식욕부진의 원인이 호르몬 불균형, 내분비 결핍, 폐결핵, 또는 뇌하수체 이상, 즉 시먼즈병이었다고 기록했다. 윌리엄 걸[William Gull] 경은 1873년 10월, 런던 임상학회에서 섭식장애가 기본적으로 기능장애 가족이 있는 여성들을 공략한다고 발표했는데 이는 1930년까지 발전하며 정서적·생물학적·문화적 요소들을 결합했다.

"제가 끼어든 것도 바로 그 지점이죠." 러셀이 경쾌한 목소리로 말했다. 1972년 한 여성이 런던의 로열프리병원에서 식욕부진 치료를 받았다. "증세가 아주 특이했어요. 식욕부진 진단 기준과 하나도 맞지 않았거든요." 식욕부진 환자들은 대부분 쇠약했으며 얼굴빛이 누렇게 뜨고 눈이 퀭했다. 그런데 이 환자는 몸무게도 정상이고 얼굴은 통통했으며 두 뺨은 양파껍질처럼 핑크빛이었다.

이 환자를 필두로 그 후 7년간 병원 문턱을 넘은 사람 중에서 비정상적 질환은 대략 30명 정도였다. 당혹스럽게도 환자들은 폭식에 이어 구토, 설사 등의 정화 행동Purging Behaviors을 드러냈다. 신경성 식욕부진Anorexia Nervosa을 다뤄보지는 않았으나 러셀이 보기에 이 증세는 분명 심리학이나 의학에서 아직 나타나지 않은 사례가 분명했다. 실제로 섭식장애의 기나긴 역사에서 환자의 증세는 거의 또는 한 번도 정의된 적이 없었다. 《정신의학저널》에도 러셀의 특별한 환자 이야기가 실렸다. 논문에서 박사는 새로운 정신병의 특징을 신경성 폭식증Bulimia Nervosa이라 이름 지었으나, 과학계에서는 표본이 지극히 협소하다며 러셀의 결론에 동의하지 않았다. 하지만 당시엔 인용할 사례가 빈약할 수밖에 없었다. 1970년대가 아닌가!

폭식증은 1980년 『정신질환의 진단 및 통계 편람』 제3판에 실림으로써 정합성을 확보했다. 질병은 예기치 않게 유럽과 북아메리카를 빠르게 휩쓸었고 러셀은 그 과정을 집요하게 추적해나갔다. 폭식증은 대학 캠퍼스에 침투해 기숙사에서 지내는 여학생의 15퍼센트를 전염시켰는데 모두 대학 스포츠팀이었다. 그 후에는 폭식증이 미국 고등학교 기숙사를 헤집었다. 술 파티, 단식, 살 빼는 약 남용 등 섭식장애 증후군이 비일비재한 곳이다. 이집트는 새로운 사례가 40만으로 늘었고 캐나다는 60만, 러시아는 80만이었다. 인도는 600만, 중국은 700만 그리고 영국은 여성 100명 중 한 사람이 폭식증에 시달렸다.

"폭식증이 새로운 유형의 섭식장애가 아닐 수도 있겠군요. 증세야 늘 있었겠죠? 그런데 박사님 논문이 나오기 전까지는 다들 개의치 않거나 화제에 올리지 않은 걸까요?" 내가 넌지시 지적했다.

러셀은 공손하게 반대했다. 환자들이 지금처럼 압도적으로 많았다면 누가 지적하기 훨씬 전에 저절로 드러났을 거라는 얘기였다. "누군가 나타나 이런저런 상황들을 종합하고 정리해준다면 사람들도 폭식증에 대해 마음 편히 얘기할 거라고 말씀하고 싶겠지만, 제 생각은 다릅니다. 그때까지 섭식장애는 극도로 드물었는데 1980년 이후 순식간에 전파되죠. 일단 상황을 합리적으로 설명할 수 있으면 공용어가 생깁니다. 그점에서는 제 논문에 전적으로 책임이 있을 겁니다. 지식은 전파가 빠르니까요."

러셀의 논문에서 언급된 그 질병은 유행병으로 발전했으나 그를 포함해 어느 누구도 할 수 있는 일이 전혀 없었다. 결국 엔트로피 문제에 봉착한 것이다. 사회전염의 파괴적인 영향력 덕분에 섭식장애는 점점 퍼져나갔으나 일단 창궐한 이상 통제하는 것이 현실적으로 불가능했다.

그렇다고 해도 학술논문 한 편을 발표하고 심리학자들이나 읽는 난해한 진단 편람에 이름 한 번 언급했다고 해서, 폭식증이 예외적인 사건에서 벗어나 전 세계에 전염되었다는 주장을 곧이곧대로 믿기는 어려웠다. 러셀도 그 지적에 동의했다. 아직은 학계와 일반인들 사이에 필연적인 연결고리가 빠져 있다는 얘기였다.

『정신질환의 진단 및 통계 편람』제3판에 신경성 대식증이 등장한 후 시카고대학은 일종의 거식증에 대해 다소 생경한 데이터를 출간했다. 대중적인 여성잡지 《마드모아젤》은 공식 발표를 통해 새로운 유형의 '식욕 이상 항진증Binge-Purge Syndrome'이 미국 문화에 침입해 어떤 결과를 낳았는지 설명했다. 러셀의 데이터가 진단 전문의 사이에서 유통되기는 했어도 이렇게 대중적인 잡지의 최신 호에 이름이 실린 것은 처음이었다. 그리고 그 이후 폭식증 진단 또한 급증했다. 원한다면 무엇이든지 얼마든지 먹을 수 있으며 체중 걱정을 할 필요도 없다는 주장에 폭식과 설사 유발제의 사용이 체중조절 전략으로 돌변한 것이다. 이 위태로운 행동과 더불어 미국 내 비만이 급증했다는 것도 어쩌면 당연한 일이리라. 크리스타키스와 파울러는 비만이 섭식장애만큼이나 전염성이 강하다고 진단한 바 있다.

사회전염의 전파에서 매체 책임 가설은 새로운 주장이 아니다. 『섭식장애의 발달 정신병리학Developmental Psychopathology of Eating Disorders』에는 수십 건의 대조군 실험이 나열되어 있는데, 하나 같이 매체와 섭식장애 증후군 사이에 거의 완벽한 관계가 있다고 주장하고 있다. 내 의문은 더 이상 매체가 사회전염을 복제하는 데 책임이 있는지 여부가 아니었다. 물론 매체 자체의 특정한 영향력을 제거할 수 있다면 전염을 막기는 훨씬 쉬웠을 것이다. 내가 알고 싶은 것은 매체가 실제로 사회전염에 얼마나 큰 역할을 하느냐에 있었다.

러셀은 그 질문을 듣고 피지공화국의 예외적인 경우를 언급했다. 1990년대 중반 폭식증이 전 세계 선진국을 휩쓸었을 때 그나마 개발도상국에서는 그 정도가 약했다. 하버드대학 의과대 조교수 앤 E. 베커Anne E. Becker는 문화적 배경이 전염의 울타리 역할을 했다고 가정했다. 그녀는 자신의 가설을 실험하기 위해 서구의 영향에서 완전히 고립된 지역을 찾았다. 피지는 역사상 섭식장애 환자가 단 한 건도 보고되지 않았으나 그 기록은 1995년에 깨지고 만다.

"1995년에 무슨 일이 있었습니까?" 내가 물었다.

"〈멜로즈 플레이스Melrose Place〉, 〈여전사 지나Xena: Warrior Princess〉, 〈비버리힐즈의 아이들Beverly Hills〉. 바로 그해 그 섬에 처음 텔레비전이 들어왔죠." 러셀의 대답이었다

〈사인필드Seinfeld〉, 〈ER〉 같은 프로그램에 노출되고 불과 3년이 지난 뒤 피지공화국 여성 청소년의 11퍼센트가 적어도 한 번은 다이어트용 설사 유발제를 사용했다고 대답했다. 그

즈음 섭식장애 위험은 13퍼센트에서 29퍼센트로 도약했으며 80퍼센트 이상이 텔레비전의 영향으로 몸매나 체중을 좀 더 의식하게 되었다고 실토했다. 2007년에는 피지공화국 여성 청소년의 45퍼센트가 인위적으로 음식물을 배설한 적이 있었다.

베커의 연구에 따르면, 매체에 노출된 효과는 섭식장애를 넘어섰다. 시청자들은 텔레비전에서 지켜본 특정 인물을 통해 개인적인 야심을 키워갔다. 그녀의 연구를 보면 여성 청소년의 80퍼센트가 전통적인 농업을 회피하고 보다 전문적인 직업을 찾겠다고 나섰으며 그중에서도 특히 날씬한 여성을 원하는 직업을 선호했다. 또한 정서적 긴장 형태로서의 사회전염도 여성 청소년들 사이에서 증가했다. 피지 사회는 빠르게 변하고 있었다. 사회전염이 매체라는 파도를 타고 은밀하게 헤집고 다닐수록, 심리적 문제들의 배경에는 이런 식의 대규모 문화 격변이 자리하고 있었다.

이렇게 보면 대중매체에 비난의 화살을 쏟아부어야 할 것 같다. 그런데 단순히 매체와 기사를 통제하는 것만으로 사회전염을 이해하고 전파를 막을 수 있었을까? 정말 그렇다면 팰로앨토의 이상한 전염에는 왜 그 방법이 먹혀들지 않았을까?

"피지의 사례에서 알 수 있었듯이 매체는 중요합니다. 하지만 좀 더 파고들어야 할 문제가 남아 있어요." 러셀이 덧붙였다. "'매체'가 아니라 '인지'를 얘기해야지요."

우연한 기회

자연 상태에서는 그 어느 것도 홀로 존재하지 않으며 전후좌우의 사물과 관계가 있다. 괴테의 말이다. 제럴드 러셀이 이상한 전염 사건으로 그려놓은 살벌한 그림을 보며 나는 점점 괴테의 '관계'에 대해 깨닫고 있었다. 러셀의 그림은 사소한 노출이 어떻게 폭식증의 범세계적 창궐 같은 엄청난 결과를 초래하는지 보여주었다. 솔직히 고백하자면 처음에는 인지의 영향이 얼마나 유해한지 이해하기가 쉽지 않았다. 러셀의 설명에 따르면 텔레비전에 나오는 인물을 보면서, 친구들의 먹는 모습이나 그들이 온라인에 올린 사진을 보면서, 문화 자체의 세세한 단서들을 무의식적으로 습득하면서 우리 자신의 식생활 습관을 익힌다. 매체 노출이 사회전염 전파에 길을 만들어준다는 가설까지는 받아들일 수 있다. 하지만 그 경우 '인지'는 어떻게 막을 수 있을까? 귀를 닫고 눈을 감고 살 수는 없지 않는가?

　비극이 일어난 이후에 팰로앨토는 사람들의 귀를 막으려 했다. 처음에 학생들은 와이어 게이트에 추모 리본을 매달았고, 손으로 갈겨쓴 메시지를 나무 벽 사이에 접어 넣었다. 야구장 주변 철망에는 야생화 꽃다발을 끼웠다. 교정 통로에 두꺼운 분필로 쓴 위령비를 세우고, 떠나간 급우들을 추모하며 수필을 쓰고, 특집호를 출간했다.

　하지만 정신보건 전문가들은 자살을 공공연하게 알릴 경우 다른 사람들에게 악영향을 미칠 우려가 있다고 지적한다. 가령 기념사업이 망자를 순교자로 만들어 자칫 잘못된 영웅 심리를 자극할 수 있다. 터무니없는 소리 같지만 문제를 알릴수록 문제에 노출되는 사람도 많아질 수밖에 없다. 자살을 화제로 만드는 것은 위험하다. 그런데 인지가 사회전염의 최대 숙주라면 전염을 막기 위해 인지를 차단하기만 하면 된다. 하지만 그런 식의 결론은 여전히 뒤통수를 가렵게 만들었다. 아직 목이 마른 것이다. 폭식증이나 연쇄자살 등의 사회전염 사건에 대해 함구한다면 그저 문제를 묵살하는 격이 아니겠는가. 이런 문제들이 저절로 사라질 리는 만무하다.

　러셀과 대화을 마치고 논문 한 편을 찾아냈다. 1980년대 초 심리학자 데버라 브레너리스Deborah Brenner-Liss의 논문에는 사상 최초로 폭식증과 유사한 사례와 효율적인 치료법이 언급돼 있었다. 그녀는 뉴욕에 있는 섭식장애 클리닉에서 근무했으며 지금은 샌프란시스코에서 작은 개인병원을 운영 중이었다.

브레너리스의 사무실은 넓고 밝았다. 실내 분위기는 마치 심리학자를 주제로 한 텔레비전 촬영장 같았다. 플러시 소파와 커다란 팔걸이의자를 교묘하게 배치했는데 아무래도 대화, 폭로, 고백을 자극하려는 의도가 있는 것 같았다. 박사는 마른 체형이었고 어깨가 좁았다. 턱은 뾰족하고 광대뼈가 나왔으며 주름살이 깊었다.

박사는 폭식증의 기원과 전파 얘기를 했다. 지금은 잘 알려진 사실이다. 폭식과 강제 배설에 대한 초기 자료들을 어떻게 뒤졌는지도 들려주었다. 러셀과 베커의 말처럼 브레너리스도 사건이 매체에 보도가 되는 순간, 상황은 걷잡을 수 없이 퍼진다고 확신했다. "연구자이자 개업의로서 폭식증과 싸우려는 의도는 좋아요. 그 단어를 언급하는 이유도 전문가들이 폭식증의 존재를 이해하고 합심해서 효율적인 처방을 찾아내도록 하기 위해서죠." 어떻게든 방법을 찾아 질병의 전파를 막아야 한다. 그것이 의무였다.

브레너리스가 초기에 어떻게 폭식증을 막으려 했는지 얘기하는 도중 1720년 프랑스 마르세유의 이야기가 떠올랐다. 당시 그랑 생 앙투안이 외국산 비단과 면을 가득 싣고 항구에 들어왔다. 그 배에는 튀르크 승객 시신도 한 구 있었는데 사인이 선페스트였다. 일단 계류를 마치자 상선은 연노란색 깃발을 내걸었다. 옐로잭Yellow Jack 으로 유명한 깃발이다. 선박들도 깃발을 올려 해당 선박이 질병으로 격리 중임을 사람들에게 알렸다. 그런데 이런 조치에도 불구하고 며칠 내에 페스트 환자들이 병원에 가득 찼고 그곳 주민 수천 명이 숨졌다. 전염병의 전파를 막고 선박들에 위험을 알리기 위해 항구에서도 부두 선창, 잔교, 화물 선적항마다 더 밝고 노란 깃발들을 걸었다. 어선과 상선 돛대 높은 곳에서도 깃발이 지중해 바람을 맞아 펄럭였다. 해양 분지는 어디나 노란색으로 물들었다. 하지만 역병은 마치 깃발처럼 바람이라도 탄 듯 널리 퍼져나갔다. 역병이 짙은 연무를 통해 전파된다고 믿은 탓에 끊임없이 불을 피워 공기를 정화하려 했으며 사람들은 허브 냄새를 맡거나 약초를 빻아 꿀에 버무려 복용하기도 했다. 질병은 눈에 보이지 않았으나 증세는 치명적이었다. 하지만 전염병과의 절박한 싸움과 시도는 모조리 실패로 끝나고 말았다. 마침내 마르세유 주민들은 돌벽을 세워 길을 막고 마을의 병자를 쫓아냈다. 숙주를 제거하고 먹이를 봉쇄하면 전염도 어쩔 수 없이 소멸한다고 믿었기 때문이다. 그러나 마르세유 장벽도 결국 실패했다. 질병을 몰아내는 대신 질병의 매개이자 보균자인 벼룩과 생쥐도 함께 갇히고 만 것이다. 고립 지역 내에서만 50만 명이 흑사병에 걸려 숨을 거두었다.

다행히 우리는 전염성 질환이 왜, 어떻게 전파되는지 잘 알고 있다. 그러나 역병과 달리 섭식장애는 미생물과 아무 관계가 없다. 예방을 원한다면 항생제보다 창의적인 조치가 필요하다는 뜻이다. 브레너리스는 폭식증 치료를 위해 극단의 조치가 필요하다고 하면서 다소 끔찍한 사실들을 나열하였다. 예를 들어 오늘날에는 섭식장애 치료를 받으면 60퍼센트가 회복해 건강한 체중과 정상적인 식사를 유지한다. 20퍼센트는 부분적으로 회복한다. 브레너리스는 두 번째 경우에 속했다. 제럴드 러셀이 불길한 변종 거식증을 얘기하고 시카고대학이 보도자료를 내놓았을 때, 브레너리스는 폭식증 증세를 드러낸 최초의 미국인 그룹이자 치료를 받은 최초의 환자에 속했던 것이다.

나는 농담을 던졌다. "실리콘밸리에서는 최초로 새 기술을 접하는 사람을 '얼리어답터'라고 부릅니다." "바로 저네요." 브레너리스 박사는 소파에 앉아 밝은 표정을 지었다. 블라우스의 흰 옷깃이 목 아래까지 올라가 있었다. 그녀는 알파 유저이자 베타 테스터이며 이상한 전염 사태를 막기 위해 초기 치유법에 응한 개척자였다.

박사는 최초의 경험에 대해 얘기해주었다. 강박적인 과식과 구토는 마침내 성공적 치유로 이어졌다. 그녀의 개인사는 놀랍게도 최고의 패션모델, 《플레이보이》 모델, 미인대회 후보, 텔레비전에 나오는 배우는 물론, 1970년대와 1980년대 다이어트 상품의 부흥까지 이어지는 문화적 토대까지 거슬러 올라갔다. 멋진 외모를 향한 갈망과 수단을 무한대까지 강화하던 시절이다. 매체는 마른 몸을 찬미하고 외모의 중요성을 강조했다. 외모는 심지어 정체성과 성역할, 가치와 신념까지 만들어냈다. 체형 기준, 노골적인 다이어트, 절망감 등의 전염성 태풍에 맞서기 위해 유행의 감시자들은 적절한 시기에 친사회적 매체 캠페인을 벌였고 건강한 체중, 항울제, 실증적인 심리요법을 강화했다.

초기에는 당연히 치료법이 극히 제한적이었다. 브레너리스는 우선 식생활 습관이 비슷한 사람들을 열 명 가까이 만났다. 일부는 운동을 과도하게 했고 일부는 설사 유발제를 사용했으며 그중 상당수가 치아가 부서지고 위궤양으로 고생하거나 머리카락의 윤기가 사라졌다. 이런 증세에도 불구하고 사람들이 모인 이유는 기어이 복잡미묘한 이 방정식을 풀고 말겠다는 일념 때문이었다. 소비와 소모, 충동과 자제 사이에서 균형을 잡아야 하는 일이다.

"뭐든 거실에 함께 모여서 했어요. 그런데 문득 좋아지기 시작하더군요." 이 치유 모임의 기이한 치유 특성은 대화, 경험의 공유, 공감과 이해 차원을 훨씬 넘어섰다. 건강식을 추구하고 음식 조절을 함께하며 그녀의 활동에도 건강한 영향을 미치기 시작한 것이다. 그들과 함께하는 것만으로도 뭔가 특별했다. 이 탄탄하고 끈끈한 사회관계망은 그녀의 동기를 자극해 긍정적 행동 변화를 낳았으며 활력을 북돋고 전투력을 불러일으켰다.

다시 말해서 치유 모임 회원들은 단순히 모임에 참여하는 식으로 건강한 식생활 습관을 서로에게 '옮겼으며' 서로 관찰하고 본받음으로써 동기와 활력, 희망을 전파했다. 당시에는 그녀 자신도 몰랐으나 치유 모임 회원들은 성격이 다른 사회전염을 통해 폭식증을 유발하는 사회전염과 싸우고 있었다. 팰로앨토에서도 효과가 있을까? 실제로 어떤 사회전염들이 혼재해 있는지 구분할 수만 있다면 유익한 전염을 이용해 자살 충동의 전염에 맞설 수 있을 것이다.

치유 모임은 1980년대 유행의 물결을 타고 그 수가 급격하게 증가했다. 일리노이대학 연구팀이 경험적 증거를 찾아내 유익한 전염을 보강하기 전이었다. 의사이자 심리학자인 브레너 리스는 그룹 치료법과 또래지원Peer Support 네트워크를 섭식장애 환자의 치료법으로 도입해 커다란 성공을 이루었다. "환자들에게 해주는 일이라고는 그저 건강한 경쟁에 조심스럽게 초대해 회복을 유도하는 것밖에 없어요." 박사의 말이다. 치료는 사회전염이 알아서 해준다.

그렇지만 여기에도 반박할 수 없는 모순이 존재한다. 문외한이 듣기에 관념 하나를 다른 관념으로 바꾼다는 얘기인데……. 여기까지는 단순해서 좋다. 하지만 이 과정은 노출, 인지, 치료의 연관성에 대한 제럴드 러셀의 모델과 그림이 너무도 달랐다. 나는 러셀의 인지 이론을 브레너리스에게 설명해주었다. 일정한 생각이나 행동에 무의식적으로 노출될 경우에도 전염이 된다. 치유 모임을 회복 중심으로 이끈다 해도 이따금 '유해한' 경쟁이 끼어들 수밖에 없다. 러셀의 주장은 그랬다. 실제로 치유 모임에 들어왔다가 증세가 악화된 채 떠나는 경우도 종종 있었다. 폭식증은 전염성이 강하다. 아무리 환자들을 돕는 데 목적이 있다 해도 치유 모임과 치료 시설은 동시에 가장 기본적인 전염체일 수밖에 없다.

조사하면 할수록 러셀의 결론은 점점 타당성을 얻는 것처럼 보였다. 2004년 영국 국립 섭식장애센터는 입원 치료와 전문의 그룹이 오히려 질병에 노출될 수 있는 기회를 제공한다고 발표했다. 참가자들의 섭식장애 증세가 심해지고 위험한 행동모델을 따르고 치료 자체에 유해한 태도를 보이는 탓에 집단치료 자체가 불가능해진 것이다. 심리학자 발테르 판데레이켄Walter Vandereycken은 그 과정을 깊이 파고들었다. 민족지적 논문들Ethnographic Reports과 질적 연구서들Qualitative Investigations을 검토해 보니 사람들은 인접 거리의 타인을 최악의 상황에 노출하며 환자들로 하여금 부지불식간에 최악의 증상을 드러내게 한다. 보다 유해하고 유독한 특성이 새로운 숙주에 이전할 가능성이 있기 때문에 치유 대신 해를 끼칠 수 있다는 뜻이다.

제럴드 러셀은 노출의 위험을 보았으나 브레너리스는 치유와 증세 완화의 길을 보았다. 매체와 집단에의 노출이 질환의 전파를 매개할까? 아니면 치유를 매개할까? 고민이 이어질 수밖에 없었다.

"둘 다일 수도 있죠." 브레너리스는 이렇게 대답했다. 타인의 반영과 무의식적 경쟁이 원인이 되어 위험한 생각과 행동과 감정이 전파되지만 유익한 사회전염이 퍼져가는 과정도 그와 다르지 않다.

"그럼 뭐가 기울기를 결정하죠?"

"개인의 성격, 환경……. 뭔들 아니겠어요?" 박사가 어깨를 으쓱해 보였다.

그날 오후 늦게 기차를 타고 귀가하면서 새로운 실마리들을 누덕누덕 기워 나름대로 진화 모형을 만들었다. 모형을 완성하면 팰로앨토의 이상한 전염을 해석해볼 참이다. 사람들이 서로 보편적 표현을 공유하고 유사한 감정적 반응을 보이는 것은 어떤 메커니즘 때문일까? 자동 동화^{Automatic Attunement} 기제가 끼어들면서, 우리는 무의식적으로 서로의 생각과 행동과 감정을 복사하는데 이는 형체도 실체도 없는 무의식 차원에서 언어를 공유하는 현상과 다름없다. 브레너리스의 연구를 되새겨보았다. 박사는 병을 알아야 치료와 치유가 가능하다고 확신했다. 사실 일반적인 생각이다. 하지만 러셀과 베커에 따르면 인지는 오히려 이상한 전염을 자극한다. 1980년대 말과 1990년대 초 사이 폭식증이 널리 알려지는 바람에 환자의 수가 세 배나 뛰고 말았다. 치료가 효과를 발휘하며 비율이 조금 떨어지는 듯했으나 1992년 그 수가 다시 급격하게 늘었다. 다이애나^{Diana Frances Spencer} 공주가 폭식증과의 전쟁을 공개적으로 언급한 직후였다. 공주의 고백 덕분에 엄청나게 많은 사람이 폭식증을 알게 되었다. 그 바람에 치료를 원하는 최초 환자들도 급증했고 이상한 전염이 확산함으로써 새로운 환자의 수도 폭발적으로 증가했다.

크리스타키스의 말이 옳았다. 그의 시나리오, 개념적 원형^{Conceptual Template}이야말로 완벽한 모방 모델이며 내 조사에도 크게 도움이 되었다. 그럼에도 불구하고 난 혼란에 빠지고 말았다. 전염성 섭식장애 사례를 보면서 이상한 전염 사건이 예상보다 훨씬 미묘하고 복잡하다는 사실을 깨달았다. 사회전염을 막으려면 억제와 전파라는 연장들을 사용해 질병을 퍼뜨리는 동시에 치유할 방법을 찾아야 한다. 궁극적으로는 숫자 게임이기도 하다. 누군가를 구하면 누군가는 잃을 수밖에 없다. 결국 희망에 반하는 희망을 내놓아야 한다는 얘기다.

3부

혼란에 빠진
사람들

"아무래도 히스테리 지경의 인물들,
삶을 두려워하고 타인에게 손을 내미는 절박한 사람들과
동일시하는 편이 더 쉽겠다."

테너시 윌리엄스Tennessee Williams

"어느 순간 마을공동체들이 일제히 어느 특정한 대상에
집중하더니 미친듯이 그것만을 추구한다. 수백만 명이 동시에
한 가지 망상에 얽히면 그 망상에만 집착한다. 그러다가 더욱 매혹적인
망상이 등장하면 관심은 다시 그쪽으로 달려간다."

찰스 매카이Charles Mackay

전염의 딜레마

사례 하나가 두드러졌다.

태어난 지 6개월이 지난 아들을 구글 보육센터에 맡기기 시작했다. 아내의 사무실 근처이며 바로 옆에는 구글의 마운틴뷰 캠퍼스가 있었다. 놀이방은 아주 넓었다. 햇볕을 막는 용도의 망사 차양도 여기저기 설치되어 있었다. 10여 개의 유기농 화단이 있었고 부엌은 친환경 음식들로 가득했다. 놀이방마다 센터 과수원에서 따 온 과일 바구니들과 블록과 쐐기, 바퀴 등으로 제작한 천연 나무 장난감들이 빼곡했다. 센터는 홀푸드마켓이 경영하는 키부츠^{Kibbutz}였다.

아들이 태어나기 전에 아내와 나는 도시의 여러 보육시설을 방문하며 (몇 년 전 대학 캠퍼스를 순회하듯) 장단점을 하나하나 따져보았다. 어설픈 부모답게 이것저것 묻기도 했으나 사실 왜 그런 질문을 하는지는 거의 알지 못했다. 어쨌든 보육시설이 운영을 게을리하지는 않는지 신중하게 확인해야 할 것 같았다. 활석의 기분 좋은 냄새도 찾아보고 바닥 청소를 위해 어떤 세제를 썼는지 성분도 확인했다. 기저귀는 얼마나 자주 갈아주는지, 밥은 몇 시간마다 주는지도 알고 싶었다.

구글 보육센터는 정말 기가 막힌 곳이다. 센터에 들어가려면 리스트에 1년 동안 이름을 올려야 하는데 경쟁 가구만 수백이다. 우리는 운 좋게 한 자리를 얻을 수 있었다. 센터는 새로운 보육실을 열었다. 아들이 아직 나이가 어려 등원은 할 수 없었으나 우리는 등록을 확실히 하기 위해 미리 90일간의 비용을 지불했다. 지갑은 얇아지겠지만 이번에 기회를 놓치면 그만큼 정서적 비용이 클 것이다. 어차피 감수해야 할 몫이었다.

아들이 보육센터에 다닌 지 2주 정도 지났을 때였다. 오후에 아들을 데리고 가려는데 영아 교사 하나가 머뭇머뭇 내게 다가오더니 센터장과 잠시 대화가 가능한지 물었다. 문득 불안감이 쇳덩이처럼 가슴을 짓눌렀다. 할 수 없이 아들을 놀이방 가운데 청색 매트에 다시 내려놓았다. 침을 흘린 탓에 아들 옷깃이 축축했다.

밖으로 나가자 키가 작고 머리카락이 붉은 여성이 기다리고 있었다. 겨우내 감기에 걸렸던지 코가 벌겠다. 우리는 텅 빈 운동장으로 이동했다. 엿듣는 사람이 없어야 한다고 말하며 센터장이 멋쩍게 웃었다.

"선생님 아이를 맡기 이틀 전, 같은 반 아이가 구강 포진으로 귀가 조치 됐어요." 센터장은 이렇게 말을 꺼냈다.

"단순 구내염 같은데, 뭐가 문제야?" 후에 이 소식을 들은 아내의 반응이었다. 우리 둘이 있을 때는 아내가 늘 합리적 역할을 맡았다.

맞는 말이지만 센터장이 그 얘기를 한 이유는 따로 있었고 내가 우려할 정도의 문제도 있었다. 이제야 알았지만 한 살이전에 포진에 노출될 경우 온몸에 포진이 생길 위험이 있었다. 어린 시절 내내 발진을 일으키고 흉터를 남길 수도 있다. 발병의 주기는 대략 2주이며 초기에는 물집이 생기고 바이러스가 동면에 들어야 끝이 난다. 센터는 그동안 감염된 아이의 등원을 금지했지만 진짜 문제는 증상이 나타나기 직전에 전염될 가능성이 제일 크다는 데 있었다. 바이러스가 횡행하는지 여부를 알 수가 없기 때문에 정작 조치를 취할 때는 사후약방문이 될 수도 있다는 얘기다. 그동안 아이는 장난감을 입에 물기도 하고 다른 아이 몸에 침을 흘릴 수도 있다.

"그렇다고 그냥 둘 수도 없잖아." 내가 주장했다. 냉정한 척하며 상황이 어서 나아지기를 바란다고 말할 수도 있다. 그러나 우리에게는 아이를 보호할 의무가 있다. 물론 물집 하나 때문에 아이를 빼내는 일이 다소 지나쳐 보일 수도 있으나, 힘의 장Force Field처럼 내 몸을 던져서라도 아들을 구하고 싶은 심정이었다.

아이를 빼낸 부모는 한 명도 없었다. 그 상황이 얼마나 끔찍한지 실감을 못 할 수도 있고 아니면 누군가 먼저 총대를 멜 때까지 기다리고 있을지도 모른다. 아들을 빼내는 경우와 그런 조치가 지나친 반응이라는 우려를 두고 나름대로 가늠해보기도 했다. 내가 달아나면 일종의 대탈주가 발생할지 모른다. 다른 부모들이 반란을 일으켜 자기 아이를 다른 센터로 옮기려 할 수도 있기 때문이다. 감염된 아이를 모욕하거나 왕따로 만들 생각은 없다. 하지만 이렇게 해서라도 아이들이 포진을 피할 수만 있다면 이 혼란에 불을 붙일 의무는 분명히 존재한다.

보육센터에서도 아이들을 지키기 위해 적절히 조치를 취하고는 있었다. 보육실을 깨끗이 소독하고 생분해성 세제, 농무부 인증 식물성 세제, 친환경 약제에 석회와 삼나무 기름까지 섞어 바닥을 박박 닦고, 장난감은 레몬주스와 과산화수소에 담그고, 매트리스 커버는 깨끗한 리넨으로 교환하고, 아이들 장난감을 다룰 때는 고무장갑을 사용했다. 직원들이 감염된 아이의 이름을 밝히지 않은 탓에 증세를 찾아낼 때까지 몇 주일간 눈을 굴리며 놀이방을 노려봐야 할 판이었다. 그 이후라면 어느 아이를 피해야 할지 알 것이고 그럼 내 아이를 안전하게 지킬 수 있다.

감염된 아이가 누구인지 알기는 어렵지 않았다. 2주 후 한 여자아이의 오른뺨 위쪽에 작은 발진이 일어났다. 하지만 범인을 안다 한들 무슨 소용이겠는가? 더 불안해하는 것 말고 달리 도리가 없는데 말이다.

아들을 보호할 생각이다.

아들이 위험에 처했다.

난 멍청한 짓을 한다.

혼란스럽다.

포진 발병으로 어수선한 가운데 우리가 닥친 상황이 권리 문제라는 사실을 깨달았다. 아내의 직업 덕분에 우리는 실리콘밸리가 제공하는 서비스를 누릴 수 있었다. 그렇다. 솔직히 말해서 이건 상류사회의 문제다. 아들을 이 화려한 센터에 계속 둘 것인지 다른 곳으로 옮길 것인지의 문제가 아닌가. 그 정도는 나도 알고 있었다. 부자든 아니든 우리는 아이들의 복지에 책임이 있다. 다만 어떤 선택이 옳은지는 여전히 오리무중이었다.

어느 날 오후, 아이를 데려오는데 문득 작은 여자아이가 일주일 내내 보이지 않는다는 사실을 깨달았다. 교사에게 물었더니 그녀는 솔직하게 대답해주었다. "센터에서도 최선을 다했지만 또 다른 아이가 포진에 걸렸답니다."

내가 기겁을 했을까? 괜히 대책 없이 버텼다며 후회했을까? 그렇다. 사실 내가 앞장서서 조치를 취했다면 다른 사람들에게도 분명 영향을 미쳤을 것이다. 무의식적인 수준에서라도 그들을 흔들어놓을 필요는 충분했다. 내가 두려움과 히스테리를 무기처럼 휘둘렀다면 부모들도 겁에 질려 아이들을 빼냈을 것이고 그랬다면 두 번째 아이는 바이러스에 걸리지 않았을 것이다. 게다가 지금은 다른 아이들까지 위험에 처하지 않았는가. 하지만 난 아무 일도 하지 않았고 아이들을 보호하지도 못했다.

전략 수정, 히스테리를 추적하다

아들을 보육시설에서 빼내고 얼마 지나지 않아 나는 건고 등학교 캠퍼스로 돌아갔다. 관리 직원용 차양 아래에는 골프 카트들이 늘어서 있었고 포스터들은 곧 있을 봄 뮤지컬을 광고했다. 오전 수업이 막 끝난 터라 통로는 어디나 학생들로 북적거렸다.

최근에 이상한 전염병을 치료하기 위한 연구 방향을 조금 수정했다. 연구의 초기 모델인 폭식증은 문제를 직접 다루기가 얼마나 어려운지만 부각했을 뿐이다. 결국 방어기제를 발동할 수밖에 없기 때문이다. 치유 방안이 곧바로 전염 수단이 된 것이다.

나는 좀 더 전략적으로 접근하기로 했다. 특정 사회전염들을 분류해 어떤 전염이 우리 마을의 사례에 해당하는지 살펴볼 필요가 있었다. 전염의 성격을 구분해낼 수 있다면 반격도 가능할 것이다. 크리스타키스는 생각과 행동과 감정이 어떻게 전염되는지 알려주었다. 박사는 그 과정을 '흐름'이라고 불렀다. 내 가설은 이렇다. 팰로앨토에서 개인 간 사회전염의 흐름을 차단할 수 있다면 악마를 끌어내릴 수도 있다.

물론 개인 간 사회전염 이면의 메커니즘을 밝혀낸다 해도 여전히 문제의 소지는 남을 수 있다. 개인은 나름의 법칙에 따라 움직인다. 예를 들어 전염성 체중 증가는 남성보다 여성이 더 빠르지만 감정 소진 같은 사회전염은 성별 차이가 거의 없다. 추적이 더 힘든 까닭은 사회전염의 현장이 진공상태가 아니기 때문이다. 전염은 상호작용한다. 또한 생각과 행동과 감정이 다른 감염소만큼 쉽게 전파하는 것도 아니다. 어떤 상황이 어떻게 전염되고, 얼마나 빨리 전파하는지는 제각기 문제가 다르기에 점점 더 어려워질 수밖에 없다.

보육센터에서의 경험 덕분에 먼저 어디를 들여다볼지 나름대로 생각이 있었다. 바로 히스테리였다. 이 휘몰아치는 소용돌이의 종착역이 아닌가? 건고등학교에 도착했을 때도 히스테리가 이곳에서 어떻게 나타나며 어떤 결과를 낳는지 알 수 있었다.

기껏해야 네 번째 방문이었지만 이미 학생들이 얼마나 착하고 뱃심이 두둑한지 직감했다. 두 눈에도 결기가 엿보였다. 평정심 또한 나이가 두세 배는 많은 사람들한테서나 볼 법한 종류였다. 절망감에 심장이 부서지는 고통까지 겪을 정도로 오래 살아야 저런 눈빛이 가능하지 않을까 싶었다. 이곳 출신 학생들 여럿이 죽어가고, 또 죽은 탓이다.

　학생들은 일련의 어긋난 망상들로 세상에 알려졌다. 이 모순들을 조정하기란 불가능에 가까웠지만 그런 문제가 한둘이 아니었다. 브레너리스는 이곳 남쪽 끄트머리의 실리콘밸리까지 와서 치료를 시도했다. 덕분에 나도 이곳이 극단적 사례에 속한다는 사실을 깨달았다. "팰로앨토는 다른 곳 아이들과 기질부터 달라요. 어린아이들이 죽어라 달리고 있는데, 그 나이가 점점 어려져요. 뭐든 이루겠다고 전방위로 애쓰는 거예요. 게다가 본질적으로 자신과 맞지도 않고 성공하기도 극도로 어려운 목표들 아닌가요?" 만나자마자 박사는 그렇게 선언했다. 두려움과 안타까움이 배어나는 목소리에서 그녀의 절망감을 절실하게 느낄 수 있었다. 이 마을에서 산 지 6개월도 채 되지 않았지만 나도 그런 식의 부조리를 느꼈다. 요컨대 아이들의 몸에 어른의 마음을 강제로 이식한 것이다. 학교 아이들은 초등학교를 졸업하자마자 아이비리그 대학에 다닐 생각을 해야 한다. 아니, 반쯤은 이미 졸업한 셈이나 마찬가지였다. 아이들은 하나같이 성공을 향해 신발 끈을 질끈 동여맨 채 AP 코스와 과외활동 점수를 쌓고 이력서에 스펙을 빼곡히 기록하면서 희망 반 우려 반으로 미래를 바라본다.

　그런데 어쩌면 우리가 오해하고 있는지도 모르겠다. 학생들에게 학교에서의 생활을 물었을 때 대개는 올바른 대답을 내놓았다. "학점은 중요하지 않아요." "사회의 지원이 우리의 안전망이에요." "자기 성찰은 중요하죠." "풍족한 삶은 돈이나 성공이 아니라 관계와 사랑으로 결정되지 않나요?" 내가 보기에 아이들은 분명 솔직하게 대답하고 있었다. 하지만 그 반대도 마찬가지로 사실이었다. 학교 내에서 학생의 신뢰도를 결정하는 것이 성적이지만, 동시에 다른 상황에서도 자신들의 가치를 측정하는 척도가 되거나 아니면 장애가 된다. 좋은 친구와 좋은 시기가 찾아오지만, 높은 성적을 위해서 자신을 개발하고 통찰력을 키우고 심신을 갈고닦아야 할 황금 같은 시간을 희생해야 한다. 가뜩이나 기라성들이 바글대는 곳에서 어떻게 더 찬란한 빛을 발할 수 있단 말인가? 도대체 이 마을의 어떤 문제가 그런 식의 극단과 변덕과 모순을 불러들이는 걸까? 아무런 문제가 되지 않는 것들까지 팰로앨토의 아이들에게는 모두 진짜 문제가 되고 있었다.

어떤 약점들 때문에 이런 식으로 생사를 가르게 되었는지는 아직 잘 모르겠다. 학생들의 마음을 조금 더 알게 되었다고 해도 마찬가지다. 죽은 학생 한 명은 바느질을 좋아했다. 단추에 실을 꿰고 의상을 만들어 연극놀이를 하기도 했다. 한 명은 대학 레슬링 대표선수였다. 매트에서도 적극적이었다. 스프롤, 핀 기술에 능했으며 몸을 날려 상대방의 균형을 무너뜨리는 게 특기였다. 한 학생은 테니스를 즐겼다. 몸을 던져 발리 샷을 날렸고 연습이나 시합을 할 때면 늘 투덜대고 펄쩍펄쩍 뛰면서 땀을 흘렸다. 학생부 활동에도 적극적으로 참여해, 타인의 생각을 경청하고 시스템 다루는 법을 배우고 현장에 달려가기도 했다. 학교에서 아무리 활발하게 활동했다고 해도 우리 모두가 사회전염에 취약하다는 사실은 남는다. 일상과 일상을 헤집고 다니는 저 바이러스. 매 순간 우리는 잠재적으로 타인을 반영한다. 이질적인 본능과 갈망을 우리 자신의 성격으로 받아들이고 내면화한다. 개인 차이가 어떻든 사회전염의 언어는 우리 모두에게 말을 건다는 사실을 배우고 있다. 당연히 건고등학교 학생들도 예외는 아니다.

교정에서 폴 던랩을 만나기로 했다. 이곳에서 20년간 영어와 드라마를 가르친 그는 죽은 학생들을 잘 아는 사람이기도 했다. 그를 알게 된 것은, 그가 자살 징후와 심리학적 갈등 징후에 대한 학생 중심의 감시 그룹인 ROCK^{Reach Out, Care, Know}(손을 내밀고 보살피고 이해하라_옮긴이)를 지원하기 시작한 직후였다.

마치 군인 같은 덩치 큰 남성이 교실에서 기다리고 있었다. 교실은 굉장히 넓었으며 빈 책상들이 거미줄 모양으로 배열되어 있었다. 그는 커다란 덩치를 작은 학생용 의자에 구겨 넣은 채 앉아 있었다.

최초의 자살이 있기 전, 던랩은 교사 비상회의에 단 두 번 참석했다. 첫 번째 회의는 2001년 일어난 9·11 테러에 대해 교사들에게 경고하기 위한 것이었고, 두 번째 회의는 미국 주도의 연합군이 이라크로 이동해 전쟁의 포문을 열었다는 소식을 알리기 위한 것이었다. 그런데 장 폴 블랑사르의 충격적인 기차 사고 이후, 비상회의는 일상이 되다시피 했다. "2010년이 될 때까지 우린 서로를 보면서 그다음 차례가 누군지 걱정했죠. 그런 기분 아시죠? 주위를 둘러보며 내일은 다들 얼굴을 볼 수 있을까? 하는 기분."

《샌프란시스코매거진》 기사에서 작가 디아나 카프^{Diana Kapp}는 마을의 긴장 악화에 대해, 히스테리가 공동체를 공황 상태로 몰아가고 있다고 표현했다. 내가 보기에도 실제로 이중의 히스테리였다. 한편으로는 마녀사냥식으로 희생양을 찾고 다른 한편으로는 광적인 두려움에 빠진 것이다. 다음 희생자가 누군지 아무도 모르기 때문에 누구든 가능하다고 가정할 수밖에 없었다. 이런 식의 두려움에 대응해, 일종의 싱크탱크이자 학령기 아동의 다목적 치료센터인 아동건강협의회^{Children's Health Council}는 심리학자와 교육자 60여 명을 불러 자살예방위원회^{Suicide Call-to-Action Committee}를 구성했다. 10여 개 종파 지도자들도 여러 차례 심포지엄을 개최했다. 학교 지구와 공동체 지도자, 부모들은 불안과 분노와 두려움에 제정신이 아니었기 때문에 오히려 아이들까지 암울한 두려움에 휩쓸리게 되었다.

히스테리는 점점 거칠어졌고 널리 퍼졌다. 거기에는 이미 죽은 학생들뿐 아니라 다른 학생들이 기차에 치이기 전에 가까스로 끌어낸 적 있다는 사실도 한몫을 차지했다. 지금까지 팰로앨토에 사는 어린 학생들의 3퍼센트가 목숨을 내던지려고 했다. 자살로 생을 마감한 학생의 수도 1년도 채 지나지 않아 20배 가까이 증가했다. 치료학자들은 자살 충동이 있는 학생 50명을 치료했다. 지극히 안정적인 사람들조차 공포에 몰아넣기 충분한 상황이었다.

던랩은 팰로앨토 사람들의 걱정을 설명하며 상황이 점점

심각해진다고 덧붙였다. 실리콘밸리에서 정신건강을 전문으로 하는 비영리단체들을 부르는 곳도 전보다 훨씬 많아졌다. 학교는 전국 최고의 청소년 심리학자들은 물론 전국또래상담협회^{National Peer Helpers Association}까지 불러들여 상담자들을 훈련시켰다. 학생들이 자살할 때마다 불안은 커가고 당장이라도 파멸의 위기가 닥칠 것만 같았다. 던랩에 따르면 문제는 학교가 아니라 마을 전체였다. 이미 마을 사람들의 반쯤은 충동적 발작 상태에서 이 끔찍한 사건들에 반응하고 있기 때문이다. 던랩은 포기하지 않고 어떻게든 해결책을 찾아볼 것을 종용했다. 자기 반 학생들을 위해 일종의 의식까지 만들었다. "수업이 끝날 때마다 의식을 치릅니다. 옆자리 학생들을 돌아보며 서로 다시 보자고 약속하게 하는 거죠." 사실 그가 할 수 있는 유일한 일이기도 했다.

＊＊

　히스테리가 발생하는 이유는 최악을 상상하기 때문이다. 아무리 가능성이 희박한 일이라 해도 우리는 불가항력의 힘을 맹신하고 뭔가 나쁜 일이 일어나거나 이미 일어났으며, 더 이상 돌이킬 수 없다고 믿어버리는 것이다.

　대부분 그렇겠지만, 내가 처음 들은 히스테리 이야기는 매사추세츠 세일럼의 마녀재판이었다. 오늘날 상관성^{Functionality}과 심리학의 렌즈로 다시 들여다보니, 그 속에는 급격한 사회·

경제 변화에 따른 망상과 불안 그리고 이를 해소하기 위해 절박하게 몸부림치는 어느 마을이 들어 있었다. 17세기의 역사적 설명은 고대 그리스 히포크라테스의 소위 '방황하는 자궁', 즉 발광녀 신화에 지나치게 의존하고 있다. 극작가 아서 밀러Arthur Miller의 『시련』에서는 히스테리 소녀들의 격렬한 상황을 그리면서 아이들이 궁지에 몰린 동물처럼 행동한다고 묘사했다. 일종의 조증에 걸린 듯 비명을 지르고 온몸을 비트는 것이다. 대학 시절에 읽은 귀스타브 플로베르Gustave Flaubert의 『보바리 부인』에는 현기증, 초조, 숨막힘, 불안감, 우울증, 권태 등 히스테리의 전형적 증세가 나열되어 있었다. 헨리 제임스Henry James는 『나사의 회전』에서 한 여성 가정교사가 서서히 광기에 빠지는 과정을 두려움, 편집증, 망상, 환각 등으로 그려냈다. 어니스트 헤밍웨이Ernest Hemingway가 『태양은 다시 떠오른다』를 출간하기 몇 년 전, 브레트 애슐리 부인이 이미 특유의 바람기, 난교, 독립심으로 히스테리 증후군의 신호탄을 쏘아 올린 격이다.

유행성 히스테리는 19세기 유럽을 휩쓸었고, 다섯 명 중 한 명의 비율로 프랑스 정신병원에 갇혔다. 신경학자 장 마르탱 샤르코Jean-Martin Charcot는 히스테리의 조건을 유전적 결함에서 비롯한 신체의 질병으로 보았다. 중추신경계의 기능장애도 확인했지만 성과는 없었다. 그의 이론에 따르면 히스테리의 원인은 아직 알려지지 않았지만 분명 신체 어딘가에 숨어 있으며 이것이 정신질환을 초래한다. 샤르코는 최초로 최면술을 활용해 히스테리와 정신이 어떻게 연결되었는지 증명하기도 했다. 그의 모델 덕분에 정신과의사 히폴리트 베른하임^{Hippolyte} Bernheim은 히스테리를 스트레스에 대한 과잉 반응으로 해석하였다. 인간은 섬세한 존재이므로 조건만 맞는다면 누구나 히스테리에 굴복할 수 있기 때문이다.

그는 계속해서 히스테리가 사회전염 특성을 띠며 단순한 암시만으로도 실체를 얻어 전염되는 능력이 있다고 주장했다. 지크문트 프로이트는 샤르코의 최면술을 도입해 환자가 자신의 증상을 원인까지 역추적하도록 이끌었다. 암시의 힘이 워낙 크기 때문에 프로이트는 아예 히스테리성 경련, 마비, 실명, 발작을 치료할 수 있다고까지 선언했다. 그런데 이 피암시성의 위력으로 히스테리를 치유할 수 있다고 하지만 애초에 히스테리를 유발한 것도 바로 동일한 메커니즘이 아닌가? 그런데 프로이트에 와서 그 힘을 잃었다고 하면 도대체 누가 이해할 수 있겠는가.

히스테리의 역사적 설명을 읽고 있자니 안타깝지만 인정해야 할 사실이 하나 있기는 했다. 두려움이 히스테리의 확고한 촉매로 작용한다는 것이다. 나는 그 사실을 미래와 미지에 대한 폴 던랩의 두려움과 더불어 생각해보았다. 그와 대화하고 나서 나는 다시 자료 보관실에 돌아와 이 이상한 전염에 걸린 도시들이 어떻게 두려움을 기반으로 한 히스테리를 치유했는지 찾아보았다. 몇 가지 성공 사례도 있었다.

지금도 잊히지 않는 얘기가 바로 인디애나주 피셔스의 경우다. 2004년 피셔스 주민들이 작은 공회당에 모여 "알카에다가 마을을 테러 공격하면 어떻게 하지?"라는 식의 두려움을 토로했다. 국가는 대도시의 안보만 신경 쓰기 때문에 극단주의자들이 대도시 대신 허술한 목표를 찾을지 모른다는 얘기였다. 어쩌면 캔자스시티의 야채 가게나 텍사스의 놀이공원, 네브래스카주의 상가를 공격할 수도 있다. 마을 사람들의 불안감이 극에 달한지라 심지어 미국 중앙정보국CIA은 지방경찰 관료들과 함께 테러 관련 브리핑을 개최해 자위 부대를 만들어주었고 국토안보국은 자원을 제공하고 반테러 훈련까지 제공했다. 물론 피셔스에 국제 테러 위협은 한 번도 없었다. 당연히 테러 징후도 발견되지 않았지만 마을 사람들은 개의치 않았다. 근거가 있든 없든 두려움 자체는 실존했던 것이다.

두려움은 강력한 사회전염이며 면역력은 누구에게도 존재하지 않는다. 일상의 관찰자로서 우리의 심안, 촉각, 통찰력은 주변 사람들이 일상을 대하는 방식을 나름대로 기록한다. 두려움의 거래 방식은 독특할 수밖에 없다. 두려움은 일종의 미신적·신비적 사고방식으로서 실제로는 아무것도 보장하지 않으면서도 사람들에게 상황을 통제한다는 기분을 제공한다. 어깨너머로 소금을 던지거나 인형을 불태우는 까닭도 거기에 있다.

태어난 지 몇 달 지난 아들의 두려움은 단순하다. 내 경우는 나이가 들어갈수록 두려움도 많아지는 듯하다. 그렇다면 경험과 세월에 따라 용감해진다는 전통적인 격언은 다 어디 갔단 말인가? 타인과 시간을 보낼수록 두려움 같은 감정이 우리 정신을 옭아맬 기회도 더 많아진다. 1980년대 마이클 쿡[Michael Cook], 수전 미네카[Susan Mineka] 같은 학자들이 원숭이 두 무리가 뱀에 반응하는 차이를 비교한 적이 있다. 뱀과 맞닥뜨렸을 때 야생 원숭이는 두려운 표정이었다. 다른 원숭이들도 대부분 뱀을 피했다. 하지만 실험실 원숭이는 양육 과정에서 두려움 기반 행동에서 격리되고 잠재적 위험에서 철저히 보호된 터라, 심지어는 뱀 주변에서 뛰어놀기까지 했다. 야생 원숭이들은 정글에서 다른 영장류들과 함께 자라면서 두려움 기반의 반응에 노출됐기 때문에 동료들의 두려움을 말 그대로 원숭이처럼 흉내낸다.

두려움은 또한 사람들 사이를 널뛰기한다. 나는 이런 상황이 사람과 사람 사이에 전염의 다리처럼 존재한다고 보았다. 그것은 우리의 표정, 몸짓, 말투를 재료로 두려움 위에 지은 다리였다. 전염성 감정이 타인에게 기억과 느낌으로 일종의 피드백 루프를 만들어주는 반면, 두려움은 특히 미묘하거나 거의 감지 불가능한 단서를 초월적인 방식으로 전파한다는 사실도 알았다. 2008년 스토니브룩대학은 두려움의 사회전염과 관련해 특별한 증거들을 추적했다. 초보 스카이다이버들을 비행기에서 뛰어내리게 한 후 겨드랑이 땀을 하나하나 채집하기도 했다. 학자들은 일반적인 땀과 두려운 상황에서 나온 땀을 구분해 분무기에 넣고 노련한 자원자들에게 흡입하게 했다. 그런데 자원자들이 두려움에 기반을 둔 땀을 흡입하자 두려움과 관련된 두뇌인 시상하부와 편도체 영역이 밝아졌다.

요컨대 '인간의 사회 역동성에는 생물학적 요인이 잠재해 있을 가능성이 크다'라는 뜻이다.

페로몬으로 전파되든 직간접적인 관찰로 옮겨 가든, 두려움은 가장 충격적인 사회전염에 속한다. 난 이런 식의 두려움을 이해한다. 이 마을 사람이라면 누구나 잘 알 것이다. 우리는 죽은 학생들의 유령 사이에서 아이를 키우는 일이 두렵다. 학생들이 그런 선택을 하게 만든 상황이 두려워 죽겠다. 팰로앨토에 따라붙은 불명예도 우리를 두렵게 만든다. 바이러스가 죽음이라면 두려움은 유령이다. 우리 주변을 어슬렁거리며 혼을 빼놓는 유령이다. 이곳 선로에서 누군가 죽었다고 건널목을 피하지는 않지만 이제 이 마을에는 오명이 따라붙고 우리 가슴에도 걱정이 떠날 길이 없다. 언젠가 이 마을 유령이 다른 아이들을 빼앗아 갈지도 모를 일이 아닌가.

물론 로니 하비브가 지적했듯이 아이들 대부분은 자살 충동과 거리가 멀다. 하지만 이따금 두려움은 그 자체로 자기 충족적 예언이 될 수 있다. 두려움은 비합리적이어서 제멋대로 결정을 내리고 정말로 우리를 금지된 생각으로 몰아갈 수 있다. 범죄자에게 공격당할 것을 우려해 피하려고 한다면 텅 빈 공원도 얼마든지 위험한 장소가 된다. 하지만 텅 빈 공원에 범죄자가 나타날 이유는 거의 없다. 게다가 그 영향은 우리 내면까지 파고든다. 두려움은 두뇌의 반응을 촉발하는데 그런 식의 반응은 그 자체만으로 바람직하지 않다. 두려움은 우리 마음속 회로를 순환하며 세포를 조작하고 신경전달물질을 자극하고 호르몬 상태를 바꿔놓는다. 생리학적·행동학적 반응이 폭포처럼 흘러내리고 피가 급류처럼 쇄도하고 대뇌변연계를 건드리고 전뇌와 시상하부를 깨운다. 심장박동이 증가하며 피를 온몸으로 퍼 나르고 혈압은 천정부지로 솟구친다. 그러다가 혈액순환이 완화되면 마치 죽은 듯 기절하고 마는 것이다.

고민하다 보면 생각은 저절로 이 작은 마을로 돌아오고 만다. 두려움이 돌연변이를 일으켜 비합리적 감정으로 돌변하는 곳. 위협이 실재하지 않으면 두려움은 그저 불합리에 불과하다고 되뇌어본다.

팰로앨토에서 500킬로미터 떨어진 곳에서 근대 이후 두려움을 기반으로 한 가장 치명적인 사회전염이 걷잡을 수 없어 퍼졌다. 나도 얘기를 들었지만, 과거에 비슷한 사례를 본 적도 없고 나한테 그만큼 의미 있는 사건도 없었다. 보다 중요한 사실은 바로 그곳에서 사회전염이 끝나기도 했다는 것이다.

사건은 30년 전 외딴 농경 마을에서 시작됐다. 캘리포니아주의 두 마을 컨 카운티와 실리콘밸리의 차이는 변화와 산업 모든 면에서 엄청나지만 1982년이라면 사정이 달라진다. 두 계곡 마을은 모두 농업이 주요 산업이었으며 아몬드 숲, 오렌지와 살구나무 과수원들이 가득했다. 이유는 다르지만 인구가 크게 늘어가는 추세라는 점도 비슷했다. 컨 카운티가 오일 생산으로 열을 올릴 즈음 실리콘밸리는 반도체에 투자하고 일본과 무역 전쟁을 벌이고 있었다. 두 마을의 차이는 이런 변화가 초래한 문화에서 확연히 드러났다. 같은 해 《내셔널지오그래픽》은 실리콘밸리가 어느 순간 엄청나게 똑똑하고 엄청나게 일하는 일벌레들의 구미를 당기고 있다고 기록했다. 그것도 주로 알코올중독, 이혼, 우울증 등의 위험이 있는 사람들이었다. "'죽도록 일하라'는 실리콘밸리의 대표적 증후군이 되었다. 누구나 승자가 될 수는 없기 때문이다." 기사의 내용이었다.

이런 식의 발전과 달리 조용한 컨 카운티에서는 두 어린 아이의 계조모가 아이들의 부모인 데비와 앨빈 매큐언 부부를 경찰에 고발했다. 경찰은 아이들을 따로 불러 신문했다. 그런데 이 아이들은 조사관들에게 성범죄를 폭로하고 악마 숭배 의식과 관련해 기이한 이야기들을 늘어놓았다. 두 아이의 증언에 따라 다른 가족인 니펜 부부까지 연루되어 두 부부는 모두 1,000년 징역형에 처해졌다.

히스테리의 바람이 들썩거렸다. 마을 남쪽 로스앤젤레스 카운티에서는 한 학부모가 맥마틴 유치원 노동자 레이먼드 버키를 고발했다. 도살, 악마 숭배, 어린 아들을 포함한 난교 파티 개최 등이 그 이유였다. 경찰은 맥마틴의 학부모들에게 공식 서한을 보내 아이들이 성추행을 당한 적이 있는지 물어보게 했다. 수사 결과 악마 제의를 통한 아동학대[SRA, Satanic Ritual Abuse](이하 SRA) 관련자가 무려 360명이나 되었다.

매사추세츠주 몰든의 탁아소에서는 제럴드 아미롤트라는

잡역부를 아동 성추행범으로 고발했다. 그 후 아홉 명의 아이들이 더 나타났는데, 증언에 따르면 잡역부는 보육센터의 비밀 방으로 아이들을 불러 도살하는 장면을 지켜보게 했다. 아미롤트는 주 교도소에서 40년을 복역해야 했다. 비슷한 사건을 찾기 위해 멀리 나갈 필요도 없었다. 1984년 10월 인근 피츠필드에서 버나드 바란 주니어가 체포되어 동일 죄목으로 무기징역형을 선고받았다.

같은 해 플로리다주 마이애미에서도 어린이들을 성추행했다는 이유로 프랭크 푸에스타라는 남자를 잡아들였다. 열아홉 명의 아이들은 성추행범들이 괴물 가면을 쓰고 뱀을 목에 감았다는 등의 얘기를 했다. 당시 데이드 카운티 지방 검사 재닛 르노는 범인들에게 무기징역을 선고했다.

브롱크스, 메이플우드, 뉴저지, 롱아일랜드의 그레이트넥, 캘리포니아 스프링밸리의 보육센터에서도 악마 숭배자들이 활약하고 있었다. 1989년 노스캐롤라이나주 이든턴에서 성인 일곱 명이 체포되었고 아동 추행과 SRA 혐의로 모두 유죄를 선고받았다. 텍사스주 오스틴에서도 끔찍한 사건으로 프랜시스와 댄 켈러 부부가 유죄판결을 받았다. 아이들에게 피를 가미한 음료를 주고 무덤에서 시체를 파낸 뒤 사지를 절단한 것이다. 이 끔찍한 사건으로 켈러 부부는 27년을 복역했다. 악마 숭배 의식과 아동 추행은 그 후 캐나다 서스캐처원주의 마르텐스빌을 강타했다. 그곳 보육센터에서 일하는 여자가 10여 명의 아이들을 성추행한 혐의로 기소되었는데 소위 '사탄의 형제^{The Brotherhood of The Ram'}라는 악마교와 관련이 있었다. 브라질 상파울루를 비롯해 프랑스, 이탈리아, 뉴질랜드의 마을들에서도 비슷한 사례가 드러난 바 있다.

컨 카운티로 돌아가보자. 수십 명의 피고가 유죄판결을 받았다. 나중에 증인들이 진술을 철회하기 시작했지만 피고 일부는 이미 수십 년을 철창에서 썩은 후였다.

공교롭게도 매큐언 부부와 니펜 부부를 기소하기 직전에 카운티 공무원들이 의심스러운 훈련 자료를 접수했다. 그곳에는 SRA가 동시에 아동 성폭행의 요인이라는 식으로 잘못 기록되어 있었다. 이는 지극히 자연스러운 반응이며 개인의 선입견이 어떤 인물 또는 상황에 대한 판단을 어렵게 할 때마다 일어나는 현상이다. 다시 말해서 당신이 무엇을 찾는지 알고 있다면 쉽게 징후들을 찾아낸다는 뜻이다. 비록 그곳에 아무것도 없다 해도 마찬가지다.

로스앤젤레스의 맥마틴 유치원 사건에서 최초 고소인은 그 후 심각한 정신분열증 진단을 받았고 사건에 연루된 아이는 후일 증언을 철회했다. 제럴드 아미롤트 사건은 아이들의 증언에 의존했지만 취조 도중 유도신문이 많아 의혹을 샀다. 이와 마찬가지로 마이애미의 프랭크 푸에스타 사건 역시 암시적인 질문으로 아이들을 현혹시켰다. 다른 사건들에서도 기소의 발단은 이웃 간의 논쟁이나 마을을 휩쓴 편집증에서 비롯한 증언들이었다.

훗날 법정은 사건의 고발과 유죄판결이 심각한 히스테리

에서 비롯됐다고 판결했다. 이렇게 불온한 시작 때문에 전 세계 사람들이 두려움에 전염된 것이다. 다행히 세상은 용케 이 끔찍한 이야기를 종결할 수 있었다.

두려움을 기반으로 한 히스테리를 어떻게 완화하는지 들여다보다가 다소 놀라운 사실을 발견했다. 이상한 전염이 전염성 히스테리를 촉발하지만 히스테리 자체가 이상한 전염의 원인이 되기도 한다. 피셔스에서도 그랬고 컨 카운티에서도 그랬다. 그리고 이제 팰로앨토에서도 일어나고 있었다.

잘못된 반응 가려내기

　제임스 볼드윈^{James Baldwin}의 『더 파이어 넥스트 타임^{The Fire} ^{Next Time}』의 구절이 머릿속을 맴돈다. "세대는 계속 태어난다. 그들을 책임져야 하는 이유는 그들에겐 우리가 유일한 증인이기 때문이다." 조사 초기에 니컬러스 크리스타키스가 한 말이 있다. 사회전염을 연구하면서 뭔가 배운 점이 있다면 바로 이것이다. 사회전염이 사람들에게 미치는 영향력을 생각하면 우리는 더욱 책임감을 품고 서로를 배려하고 돌봐야 한다. 하지만 더욱 중요한 문제는 우리가 어떻게 그 일을 할 수 있는지다. 히스테리의 원인을 추적하는 행위 자체가 때로는 히스테리를 강화하기 때문이다.

　크리스타키스는 주장을 입증하기 위해 1960년대 초반 탄자니아의 히스테리 사건을 들려주었다. 증세가 나타난 곳은 기숙사 생활을 하는 미션스쿨이었다. 여학생들이 별다른 이유

없이 웃음을 터뜨리더니 멈추지를 못한 것이다. 크리스타키스의 말로는 단순한 발작과는 거리가 있었다. 상황은 교실에서 기숙사로 넘어갔고 학교를 완전히 점령했다. 이 일화는 불안에서 비롯한 투렛식 집단 심인성 질환이 얼마나 빨리 일반인들을 장악하는지 보여준다. 3개월이 지나고 고삐 풀린 웃음 발작은 학생의 60퍼센트를 휩쓸었으나 학교 당국은 어떻게 대처해야 할지 난감하기만 했다.

탄자니아의 학교는 결국 극단적인 처방을 내렸다. 학교를 폐쇄한 것이다. 크리스타키스의 말에 따르면 그 처방으로 질환의 확산도 막고 학생들도 구했으나 그렇다고 창궐을 막지는 못했다고 한다. 오히려 극약 처방 덕분에 정부 당국은 웃음 발작이 정말로 심각하다는 사실을 인지했다. 게다가 겁에 질린 학생들을 집으로 보낸 탓에 발작성 웃음은 학교 담벼락을 넘고 말았다. 학교 폐쇄 후 열흘간 웃음 전염 사례는 200건이 넘었다. 샴바 마을을 시작으로 라마셰녜 마을의 여자중학교가 뒤를 이었다. 의료 조사관들이 이들 지역에 내려가 독성과 감염 조사를 했다. 우간다 엔테베의 바이러스연구소에서도 혈액검사로 생화학적, 세균학적, 미생물학적 이상을 확인하고 바이러스 항체 생성을 시도했다. 우물과 개울에서 빗물을 채집하고 바나나, 콩, 육류의 원산지도 조사했으나 성과는 아무것도 없었다. 그래도 《중앙아프리카의학저널》은 계속해서 전염성 웃음의 확산 지역은 물론 '마을공동체의 두려움'을 기록해나갔다.

크리스타키스는 이야기를 이어갔다. 그 후 심리학자들이 뭔가 이상한 사실을 찾아냈다. 학교 폐쇄, 공식 조사, 웃음 증세 자체가 직접 관계가 있다는 얘기였다. "우리가 서로 어떻게 반응하고 배려하는지가 중요합니다. 특히 히스테리는 권위자들의 반응을 어떻게 보느냐에 따라 확산 정도가 달라지니까요."

조사관들은 후일 인디애나주 피셔스에서도 같은 문제에 봉착했다. 마을 사람들은 테러 공격이 임박했다며 두려움 속에서 방어 태세를 갖추고 있었다. 그들은 미국 연방수사국^{FBI}을 부르고 중앙정보국 분석가들을 호출했다. 당국에서도 반테러 전문가들을 피셔스에 급파했다. 지방경찰서장, 국토안보부 관료들, 비밀경호국을 비롯해 연방·주정부, 지방경찰 대표들이 공청회를 주도했다. 테러리스트들이 실제로 피셔스를 상대로 테러 음모를 꾸몄다고 해도 이런 식의 과도한 대응을 보여줌으로써 사람들이 위험 자체가 결국 터무니없다고 생각하게 만들고 싶었던 것이다. 하지만 결과는 반대였다. 관료들이 전면에 나서서 보여주기식 대처를 할수록 걱정 많은 주민들은 정말로 큰일이 일어나고 있다고 여기기 시작했다. 주민들의 불안에 기름을 부은 격이었다. 히스테리에 가장 논리적으로 대응하려면 그냥 서둘러 흩뜨려버려야 한다.

컨 카운티의 잇따른 유죄판결은 이들 두려움이 실재할 뿐 아니라 필요하다는 믿음을 확인해주었다. 마을 사람들을 비난할 생각은 없다. 나도 그 입장이라면 마찬가지로 히스테리에 굴복했을 것이다. 아이들을 보호하겠다는 자동 반응이 아닌

가. 실제로 이 이야기들 모두를 꿰는 실마리는 가장 자연스러운 본능, 즉 아이들을 보호하겠다는 욕구에서 찾을 수 있다. 그 충동 탓에 나도 구글 보육센터에서 아이를 빼냈지만 사실 지극히 사소한 이유였고 근거도 빈약했다.

히스테리가 실제이든 허상이든, 이들 위험에 대처하기 위해 우리는 아무 대책이나 닥치는 대로 던져본다. 미국 중앙정보국, 환경보호청^{EPA}, 연방수사국, 심지어 질병통제예방센터^{CDC}까지 불러들이는 이유도 그래서다. 그러고는 마을 사람들이 제시하는 것들 중 하나가 적중하기를 바라지만 상황이 끝나고 나서야 처음부터 아무 문제가 없었으며 저 과다한 반응들은 그저 불난 데 부채질하는 것에 불과했다는 사실을 깨닫게 된다. 탄자니아에는 전혀 문제가 없었다. 그저 여학생들의 스트레스가 신체 증상으로 나타났을 뿐이었다. 컨 카운티 보육센터에서도 악마 숭배는 있었으나 그 때문에 위험한 적은 결코 없었다. 그저 과잉 반응과 가짜 정보들이 난무했을 뿐이다.

역사학자 노먼 콘^{Norman Cohn}에 의하면 정말 믿으려고 들면 히스테리는 실체와 힘뿐 아니라 잔혹함까지 갖추게 된다. 히스테리가 지나는 길목에는 무수한 사람들이 휩쓸리지만 대개는 편집증 환자가 아니라 그저 아프고 굶주리거나 겁에 질린 이들이다. 정말이다. 집단 히스테리를 이해하고자 한다면 무엇보다 인간 행동의 본질을 들여다볼 필요가 있다. 이성적인 사람들이 어떻게 두려움에 사로잡히고 흥분의 덫에 걸려들며 얼마나 쉽게 격정에 휘말리는지 알아야 한다. 히스테리가 어떻게 사람과 사람 사이를 오가며 이성의 고삐를 끊고 존립 기반을 발밑에서부터 낚아채는지 볼 수 있어야 한다. 히스테리는 불가능한 일을 가능하게 하고 이성적인 사람을 무장해제하며 그 과정에서 자가 증식 시스템으로 변질한다. 컨 카운티에서는 보육 위기를 빌미로 조직적 대응의 필요성을 만들어내고 징역형을 이끌어내고 매체의 관심을 불러일으켰다. 히스테리가 촉발되면 사람들은 애초에 존재하지도 않은 문제를 맹신한다. 더욱이 이런 과정은 무한 반복 궤도에 편입해 거울처럼 스스로를 무한 복제한다.

우리의 책임은 쉽게 흥분하지 않고 차분히 실상을 추적하는 데 있다. 핵심은 허구가 아니라 실체다. 탄자니아의 조사관들은 집으로 돌려보내야 한다. 미국 중앙정보국과 국토안보부 관리들은 인디애나에 오지 말고 그냥 워싱턴 D.C.에 있으면 된다. 컨 카운티 등지에서 무고한 사람들을 추적하고 괴롭힌 특별전담조직은 해산해야 한다. 실체가 없는 한 그런 증세들은 완전히 사라질 것이다. 증거는 두려움을 날리고 전염을 근절한다.

차에 기름을 채우고 앞유리도 닦은 뒤 센트럴밸리로 향했다. 컨 카운티에서는 와스코와 버튼윌로우 마을을 관통했다. 한 마을의 독특한 일상을 확인하려면 이 방법이 제일 좋다. 집들은 소박하고 잔디는 단정했다. 어느 집 진입로에는 농구 골대가 서 있었다. 다음 블록에는 미니밴들이 줄지어 있었다. 저멀리 어느 고등학교 축구장에는 정원등들이 우뚝 솟아 있었다. 이 마을에 질병을 물리칠 능력이 있을 것 같지는 않았으나 이곳은 사회전염의 흔적이 사라진 지 오래였다. 이곳이 한때 극악한 공황장애의 시작점이었다는 사실은 흔적조차 보이지 않았다.

컨 카운티에서 이틀을 보내면서 사람들을 만났다. 편집증이 한창이던 당시를 생생히 기억하거나 적어도 그런 일이 있었다며 고개를 끄덕여주는 사람들이었다. 대부분은 암흑의 시대가 이미 과거의 일이라고 장담했다. 당시의 무분별한 두려움, 가령 자동항법장치를 설치한 뒤 망치로 제어판을 두들겨 패는 것 같은 상황은 그 뒤 수십 년간 일어나지 않았다. 재발할 거라고 의심할 만한 이유도 전혀 없었다.

하지만 보육 히스테리가 가라앉은 지 30년이 지났어도 표면 아래에서는 여전히 불안감이 꿈틀거리고 있었다. 어느 부모는 불과 1년 전만 해도 아이들을 보육센터에 맡겨야 하나 망설였다고 실토했다. 어느 측량사는 1980년대에 숙부와 숙모가 이교도라고 의심을 받았는데 감옥에 가지 않으려고 마을을 탈출해 서커스단에 들어가기도 했다. 그 역시도 의혹이 가짜라고 짐작은 했으나 가족 내에서는 여전히 의혹이 사라지지 않았다고 한다. "그런데 정말 조금이라도 사실이면 어쩌지?"

이러한 일화들로 알 수 있듯이 히스테리 같은 사회전염은 어느 순간 사라지지만 그 지역의 문화와 기억에 지울 수 없는 상처를 남긴다. 실리콘밸리에서도 학생들의 자살이 이어지는 동안 공황에 빠진 마을은 유명한 정신건강 전문가들을 불러들였다. 종교 지도자, 의사, 경찰이 모여 스무 개에 달하는 조치를 내고 아이들을 안심시키려 했다. 마을에서도 자원단을 꾸려 교대로 선로를 지키게 했다. 학교 구역은 체계적으로 정신건강 교육안을 만들었고 전 교직원을 대상으로 자살 인식 훈련 프로그램도 마련했다. 학교들은 학생들의 스트레스를 낮추려고 과제 정책을 재조정했고 학생들이 잠을 더 잘 수 있도록 1교시 시간을 늦추었다. 사실 이런 수단들이 필요한 것들인지 아니면 역시 과잉 반응인지는 나도 모른다. 그중 일부는 지나치게 편의적으로 보이기는 했다.

또 하나, 공동체의 노력은 통제력을 확보해야 한다는 절박한 요구에서 비롯하지만 결국 방법이 거의 없다는 절망감에 불을 붙였다. 그런데 그로 인해 아이들이 모두 자포자기에 전염되고 자살을 고민하게 이끌었다면? 그 경우 공연히 잘못된 신념만 키우는 셈이 된다. 이런 신념은 두려움과 마찬가지로 자기 충족적 예언으로 변질해 불안과 스트레스 반응을 자극한다. 양날의 검, 인식과 마찬가지로 사회전염을 막는 일은 또 하나의 딜레마가 된다. 전염을 막으려면 행동해야 하지만 행동하려면 전염부터 막아야 하기 때문이다.

히스테리를 격퇴하는 것은 중요하다. 그리고 사실에 기반을 둔 반응이 가능하다면 격퇴도 가능하다. 그러나 컨 카운티

의 상황이 팰로앨토가 히스테리를 진압한 뒤 있을 부작용을
예고하는 것이라면 그 상황을 기억하는 것만으로도 앞으로 몇
세대 동안 두려움과 불안감과 의혹이 이어질 것이다.

디캘브 카운티의 풍차 미스터리

센트럴밸리에서 차를 몰고 귀가할 때였다. 알타몬트 패스의 낮은 계곡을 통과하는데 문득 사회전염의 요소 하나를 해결하지 못했다는 생각이 들었다. 바로 그것 때문에 팰로앨토가 컨 카운티나 탄자니아 같은 곳의 상황과 다를 수밖에 없었다. 히스테리는 빠르게, 멀리, 널리 확산하는 경향이 있다는데 다른 마을은 왜 걱정하지 않는 걸까? 자살 위험이 자기 아이들에게도 영향을 미칠 수도 있지 않는가? 팰로앨토는 독특하기는 하지만 다른 지역들이 같은 요인에서 자유로울 만큼 특별하지는 않다. 게다가 실리콘밸리의 마을들은 구성원들의 특성도 비슷하다. 대부분 공학자였고 부자이면서 야심가들이었다. 로스가토스, 로스앨터스, 멘로파크에서도 자살 사건이 있었지만 누구도 팰로앨토처럼 반응하지 않았다. 실제로 정부의 도움을 거절한 곳도 있었다. 어쩌면 가장 합리적이고 적절한 대응일 수도 있지만 터무니없는 낙관일지도 모른다. 아무튼 팰로앨토의 히스테리는 연필로 그리듯 여전히 경계 안에 머물러 있다.

비행기는 미드웨이 공항에 착륙했다. 겨울 아침이었고 날이 흐렸다. 나는 렌터카를 타고 서쪽으로 100킬로미터 거리의 나른한 마을인 디캘브 카운티로 달려갔다. 갈색과 회색 헛간들이 일리노이의 북동쪽 농촌 마을 여기저기 흩뿌려져 있었다. 지난 몇 년간 커다란 화물트럭들이 육중한 발전기들을 싣고 55번 중심도로를 거쳐 동서남북의 가도假道를 타고 들어와 126개의 풍력타워를 세웠다. 지금은 이 풍력타워가 마을 지평선을 가득 채우고 이 지역 5만 가구가 쓰기에 충분한 전력을 공급해준다.

120미터 크기의 타워 가까이에 사는 사람들은 전기 외에도 얻는 게 더 있었다. 터빈은 수면 패턴을 망가뜨린다. 윙윙거리는 소음이 끊임없이 귀를 괴롭히고 편두통을 심어준다. 바람개비가 돌면 그림자까지 어른거리며 방향감각을 파괴하고 현기증과 욕지기를 일으킨다.

풍력발전소가 있는 지역의 불만은 사실 디캘브 카운티만의 얘기가 아니다. 풍력발전 사업에는 늘 난감한 질병이 붙어다닌다. 이런 불평은 캐나다, 영국, 이탈리아는 물론 매사추세츠주의 팰머스 같은 도시에서도 마찬가지였다. 2009년 코네티컷의 소아과의사 니나 피어폰트Nina Pierpont가 이 질병의 이유를 설명하기도 했다. 풍력터빈의 저주파소음이 내이를 교란해

vol.1

70쪽 | 값 48,000원

천체투영기로 별하늘을 즐기세요!
이정모 서울시립과학관장의
'손으로 배우는 과학'

make it! **신형 핀홀식 플라네타리움**

vol.2

86쪽 | 값 38,000원

나만의 카메라로 촬영해보세요!
사진작가 권혁재의
포토에세이 사진인류

make it! **35mm 이안리플렉스 카메라**

vol.3

Vol.03-A 라즈베리파이 포함 | 66쪽 | 값 118,000원
Vol.03-B 라즈베리파이 미포함 | 66쪽 | 값 48,000원
(라즈베리파이를 이미 가지고 계신 분만 구매)

라즈베리파이로 만드는
음성인식 스피커

make it! **내맘대로 AI스피커**

vol.4

74쪽 | 값 65,000원

바람의 힘으로 걷는 인공 생명체
키네틱 아티스트
테오 얀센의 작품세계

make it! **테오 얀센의 미니비스트**

vol.5

74쪽 | 값 188,000원

사람의 운전을 따라 배운다!
AI의 학습을 눈으로 확인하는
딥러닝 자율주행자동차

make it! **AI자율주행자동차**

결국 질환으로 이어지는데, 이를 풍력터빈 증후군이라고 불렀다. 박사는 풍력발전기가 초저주파를 발산한다고 했으나 지금은 표본크기의 오류, 통제집단과 동료평가의 결여로 신뢰도가 크게 떨어졌다. 그 이후 10여 개의 과학지에서 풍력터빈은 건강에 특별히 해롭지 않으며 근본적으로 안전하다는 사실을 확인했다. 다만 디캘브 카운티 주민들에게는 그다지 의미가 없었다. 그들의 증세는 진짜였기 때문이다.

마크 미칼Mark Micale 교수에 따르면 히스테리는 소통 방식 또는 조어祖語(하나의 언어가 시간이 흐름에 따라 분열되거나 장기간에 걸쳐 둘 이상의 서로 다른 언어로 분화되었을 때 그 근원이 되는 언어를 이르는 말_옮긴이)의 또 다른 형태다. 어떤 사람들은 그 언어가 없으면 말도 하지 못하고 감정을 받아들이지도 못한다. 히스테리를 이해하면 사회전염이 조어의 형식을 빌려 어떤 말을 하는지 해독할 수 있다. 풍력발전소 지역의 히스테리는 본질적으로 터빈을 몰아내기 위해 치열하게 싸운 사람들의 언어다. 태도가 너무 완강한 탓에 그중 일부에게 심신 상관 반응이 일어난 것이다.

이 특별하고 원초적인 대화 이면에도 과학이 있다. 이는 내과의사 월터 케네디Walter Kennedy가 플라세보효과를 실험한 1960년대 초기로 거슬러 올라간다. 케네디는 약효가 전혀 없는 가짜 약에 치료 효과가 있다는 사실에 놀랐다. 플라세보효과의 정확한 메커니즘은 여전히 당혹스럽지만 분명 환자의 80퍼센트 수준까지 신경 회로는 물론 두뇌의 복잡한 화학구조를 바꿔놓는다. 집중력, 기대치, 플라세보를 받아들이는 환경, 가짜 약의 크기와 색깔까지 진통 효과, 혈압 강하, 기분 전환에 영향을 준다. 플라세보는 분명 효과가 크다. 하버드대학은 더욱 놀라운 연구 결과를 내놓았는데 연구진에 따르면 굳이 환자를 속일 필요도 없었다. 2010년 실험자들은 환자들에게 솔직하게 "여러분들은 이제 가짜 약을 먹습니다"라고 얘기했는데 치료를 받지 않은 환자들보다 치료 효과가 두 배나 되었다.

1961년 케네디는 특별한 유형의 플라세보를 발견했다. 이른바 대규모의 사회전염이었다. 케네디가 발견한 소위 노시보 반응Nocebo Reaction은 동질의 가짜 약으로 환자들에게 긍정 효과가 아니라 불쾌한 효과를 경험하게 했다. 노시보는 내과의사와 심리학자들이 정신의 힘을 새로운 시각으로 보게 해주었다. 2006년 실험에서 의사들은 파킨슨병 환자들에게 이제 뇌·심박 조율기의 스위치를 끈다고 거짓말을 했다. 그러자 이내 환자들의 파킨슨병 증세가 악화했다. 2010년 로마의 사피엔차대학 연구팀은 유당불내증 환자들에게 우유를 마시게 했다. 사실 환자들이 마신 것은 포도당이지만 절반 가까이가 고통을 호소했다. 후일 보스턴에 있는 베스 이스라엘 디코니스 메디컬센터의 하버드 플라세보 연구 프로그램은 노시보효과가 플라세보효과보다 훨씬 광범위하고 강력한 위력을 가졌으며 욕지기, 위통, 피로감, 구토, 근력저하, 오한, 이명, 건망증 등 건강에 부정적인 결과를 낳을 수 있다고 결론을 내렸다.

플라세보와 마찬가지로 노시보 역시 인간이 쉽게 영향

을 받는다는 점을 노리며 지적·정서적·신체적 약점을 이용한다. 부정적인 결과에 대한 기대가 증세를 야기할 때까지 우리는 그저 의식적이고 강박적으로 가짜 약만 생각하면 된다. 부정적인 기대는 뇌, 전방대상피질, 전전두피질, 랑게르한스섬의 고통 부위를 넓혀놓는다. 노시보효과는 뇌의 신경전달물질에 영향을 미쳐 우리 기분을 조정한다. 어느 사례 연구에서 과학자들은 환자가 알약 스물여섯 개를 삼켜 자살을 시도한 사건에 주목했다. 환자는 가짜 약이라는 사실을 모르는 상태였으나 혈압이 위험할 정도로 떨어진 것이다. 이유는 단지 과량의 약 복용이 치명적이라고 확신했기 때문이다. 나중에 아무런 효용이 없는 약이었다는 얘기를 듣고 나서야 환자의 증상은 사라졌다. 우리의 신체는 바이러스에 약하지만 우리의 정신도 면역력이 크지 않다.

디캘브 카운티 주민들은 풍력터빈 때문에 몸에 이상이 생겼다고 믿었다. 그럼 팰로앨토 사람들은 어떤 이유 때문이라고 생각하는 걸까? 팰로앨토의 교육제도, 아이들의 집념, 실리콘밸리라는 공간에 대한 지나친 낙관 때문이라고 생각할지도 모른다. 어쩌면 팰로앨토의 문화는 일종의 노시보이며 실리콘밸리는 풍력터빈 지역과 다르지 않다. 사람들도 오해를 있는 그대로 드러냈다. 팰로앨토에 사는 것만으로도 아이들 건강에 좋지 않다는 것이다. 팰로앨토는 아이들에게 압박과 스트레스, 과도한 기대치를 부추긴다. 컨 카운티 주민들이 성추행범들을 불안해하듯이 팰로앨토 사람들 마음속에도 혹시나 하는 마음이 존재한다. 나 또한 불확실성을 초래한 장본인이므로 당연히 책임이 있다. 불합리하다는 걸 알면서도 아들이 마을의 영향을 받지는 않을지 걱정하지 않는가. 아이는 이곳의 교육제도를 받아들이면서 직접적이든 간접적이든 우리 어른들처럼 사회의 요구를 내면화할 것이다. 팰로앨토가 아니라면 어느 지역도 이렇게 반응하지 않는다. 팰로앨토가 노시보이기 때문이다. 사회전염이 실제이든 허상이든 팰로앨토의 아이들은 높은 기대치에 대한 압력, 완벽함을 추구하는 데 따른 과중한 부담 그리고 팰로앨토가 취했다고 보는 여타의 특성들 때문에라도 결국 억압될 것이다. 초조하고 우울해하며 궁극적으로는 자살 충동에 시달릴 것이다.

이번에도 기록을 정리하고 정확하고 과학적인 사실을 제공할 임무는 마을공동체의 몫이다. 마을이 아이들에게 해가 된다는 사실을 믿는 히스테리 따위에 휘둘리지 않을 필요가 있기 때문이다. 두려움은 소리가 크다. 따라서 합리적인 목소리들이 더 크게 합리적인 대답을 내놓아야 한다. 그래야 아이들이 두려움, 우울증, 미래에 대한 맹신, 과도한 기대치, 처절한 외로움, 자살 충동 따위에 전염되지 않을 것이다.

내가 읽어본 보고서들에 의하면 사람들이 가짜 약이라는 사실을 알고 삼킨 뒤에도 치료는 진전이 있었고 건강은 더 좋아졌다. 제럴드 러셀이 말했듯이 그 병이 무엇인지 알고 있는 것만으로도 폭식증 같은 이상한 전염병에 걸릴 수 있다. 하지만 분명한 사실은 폭식과 구토의 역학이 이상한 전염을 전파한다고 해서 특별히 걱정할 필요는 없다는 거다. 우리는 잘못된 신념에 기초한 정보와도 싸워야 한다. 전혀 사실이 아님에도 불구하고 여전히 사람들이 맹신하는 정보 얘기다.

풍력발전소가 있는 지역은 지극히 안전하다. 사람들도 이런저런 자료를 접하며 대체로 신뢰하는 분위기지만 그럼에도 불구하고 의혹은 여전히 남아 있다. 실제로 사람들이 아프고 쓰러지고 또 두려워하기 때문이다.

디캘브 카운티에서 풍차가 내 기분을 어떻게 만드는지 확인해보았다. 물론 풍차가 무해하다는 사실은 알고 있었다. 그래도 감정이 지식보다 훨씬 강력하기 때문에 심장박동이 빨라지고 눈구멍이 지끈거리고 욕지기가 올라올지도 모른다고 생각했다.

그런데 아무렇지도 않았다. 나는 좀 더 기다려보기로 하고 소도시 제노아를 드라이브하고 시커모어 64번 도로 인근 샌드위치 가게에서 식사도 했다. 여전히 증상은 일어나지 않았다.

히스테리는 일종의 정신병이므로 광기를 옮기는 것도 가능하다. 윌 셀프Will Self는 자신의 단편소설 『광기수량설The Quantity Theory of Insanity』에서 누구에게나 슬픔의 양이 정해져 있다는 주장을 한다. 광기는 바이러스처럼 전염되며 잠깐 달라붙었다가 다른 사람에게로 옮아간다. 사람들은 각기 삶을 이어가고 일을 하고 가족을 부양하고 죽을 때를 기다린다. 여기에 내가 있다. 풍력터빈의 땅을 오가며 광기에 사로잡히기를 기다리는 내가 있다. 그리고 펠로앨토에도 광기가 놓아주기만을 기다리는 우리가 있다.

4부

동기부여자

"신이여, 우리가 어떻게 서로의 점토에 손을 담근단 말입니까?
우정이 도구이노라.
각자가 도공이 되어 우리가 서로를 어떤 모양으로 만드는지 두고 볼 일이다."

레이 브래드버리Ray Douglas Bradbury

'혹사' 바이러스를 찾아서

팰로앨토는 가뜩이나 힘든 사람들을 더 가혹하게 밀어붙인다. 로니 하비브의 주장이다. 학생들이 카페인 같은 흥분제를 복용한 것 같다고 했다. "그 바람에 아이들은 현실과 멀어지고 심장박동에 박차를 가하고 개인적 욕구에 매몰됩니다. 그러다가 마비 증세를 일으키고 의욕을 잃고 말죠. 결국 탈진해 쓰러질 줄 알면서도 계속 자신에게 채찍질을 해야 하는 겁니다."

하비브는 얘기하는 동안에도 학기말고사 점수를 매기고 평점을 부여하고 등급을 나누었다. 그는 마치 처방전을 쓰듯이 점수를 기록하고 있었다. "아이들이 압박에 시달린다는 사실은 누구나 지적합니다. 하지만 아이들도 성공을 원해요. 그래서 좀 더 몰아붙이게 되죠. 지금은 교사 신분인지라 학생 때보다 정확히 보기는 하지만, 사실 1990년대 말에도 그런 현상은 문화의 일부였어요." 집요하게 가장 어려운 수업을 택해 흡사 전면전을 치르듯이 몰아치는 것이다. 물론 교사, 공무원, 치료사, 학생, 부모들 중에는 그와 반대로 얘기하는 사람들도 있었다. 예전에 1년 동안 연구 프로젝트 정보를 수집하기 위해 전국의 고등학교를 찾아다닌 적이 있다. 그때 스탠퍼드의 디자인학교 연구원과 대화를 나눈 적이 있는데 그는 고등학생들에게서 성취욕을 본 적이 한 번도 없다고 했다.

히스테리가 두려움과 초긴장 상태로 마을을 헤집었으나 아이들을 괴롭히는 대상은 더 있었다. 물론 실패와 불확실성에 따른 두려움도 중요하지만 이번에는 좀 더 사치스러웠다.

"아이들 걱정이 '아이비리그냐 끝장이냐'만은 아니에요." 하비브의 얘기다.

"개인적 도전 때문인가요?" 내가 되물었다.

"아뇨. 그보다는 미친 듯이 일해야 산다는 생각에 사로잡힌 것 같습니다. 사실 아이들은 그것밖에 몰라요."

하비브에겐 이유도 분명했다. 전염성의 직업윤리 때문이다. 더 나은 제품, 더 좋은 작업 환경, 더 훌륭한 리더십 모델, 더욱 투명한 공정, 더 효율적인 생산시스템의 구축은 실리콘밸리의 갈망이자 철학이었다. 이런 식의 빛나는 혁신 덕분에 피고용자들은 '남보다 한 걸음 더'라는 슬로건에 고무된 채 주당 60, 70, 80시간을 일해야 한다. 실리콘밸리의 이 비밀스러운 주문이 아이들에게 과도한 기대치, 극단적 추진력, 비현실적 집중력, 완벽주의적 경향 등을 강요하고 있다고 하비브가 말했다. 하지만 나는 이런 주장들이 타당한지 여전히 잘 모르겠다. 게다가 동기부여를 강렬히 원하는 것이야말로 지극히 인간적이지 않은가.

그래서 이 지역에 덧씌워진 역사의 지층을 벗겨보기로 했다. 최초의 진공관을 개발한 연방전신회사인 마그나복스, 레드우드시티의 리턴인더스트리스, 휴렛팩커드, 베리언브라더스 같은 주식회사들을 재검토해보기로 한 것이다. 직업윤리의 씨앗은 이들을 기초로 싹을 틔웠으나 그런 식의 극단적인 성취욕이 어느 독특한 문화의 전유물은 아니다. 역사적으로 그래본 적도 없다. 철학과 교수 무사 오우예미Musa Owoyemi는 투철한 직업윤리의 차용을 일련의 대비효과로 제시하였다. 여가보다 노고, 미숙련보다 숙련, 사치보다 희생, 불로소득보다 근로소득이 도덕적으로 우월하다고 믿은 것이다. 그의 주장에 따르면 결국 핵심은 '죽도록 일하라'라는 것이다. 그래야 부자가 되고 사회의 의무를 다하고 공동체를 발전시킬 수 있으며 (논쟁의 여지는 있지만) 내세에 보상을 받을 수도 있다. 투철한 직업윤리 가치의 유대-크리스트적 시각은 16세기 북유럽 전역의 자본주의자들에게 영향을 미쳤고 독일의 이주 정책을 거치며 미국에 전파됐다.

결국 미국인 특유의 참을성과 신교도 직업윤리 원칙이 얽혀 미국적 자수성가 신화가 만들어졌다. 빈손으로 시작했지만 능력과 재주와 활력을 충분히 발휘해 사회적으로 성장한 사람 얘기다. 회의실에서든 교실에서든 직업윤리의 맹신은 또래 모델링과 전도를 통해 다시 퍼져나간다. 경제적·교육적 동기를 부여할 경우 사람들은 자연스럽게 사상과 기준을 채택한다. 경영서 작가 에릭 체스터^{Eric Chester}는 투철한 직업윤리의 긍정적 전염성을 강조한다. 활력, 정장 차림, 야심, 도덕성, 감사하는 마음 등의 특성들은 무의식적으로 타인에게 전파될 수 있으며 실제로도 그렇다. 긍정적 전염은 결정적인 계기를 제공하고 일을 더 잘할 수 있도록 숨은 동인이 되어준다.

하지만 그 반대 역시 사실이다. 심리학자 대니얼 골먼^{Daniel Goleman}은 사회적·정서적 배움에 대해 글을 쓰다가 자칫 건강하고 안정된 시스템에 사회적 바이러스를 끌어들일 수 있음을 깨달았다. 직업윤리가 투철하지 못하면 동기부여가 어렵고 창의력이 막히고 학습 의지를 잃는다. 협동정신을 망치고 갈등을 조장하기도 한다. 구성원들이 서로 의존하는 시나리오라면 당연히 균형을 회복해야 하는 상황을 직업윤리가 부족한 사람이 제공한다. 결국 구성원들은 집단적으로 (종종 무의식적으로) 노동의 총량을 축소하는데, 여기에서 미묘하면서도 자동적인 파장이 발생한다. 직업윤리가 빈약한 사람이 한 명이라도 있을 경우 회사 전체가 부정적 분위기에 휩쓸릴 수 있다. 사회전염은 한 팀에서 다수의 팀으로 확산된다. 피고용인들이 동기부여가 사라지고 기력을 소진한 덕분에 기업들은 매년 500억 달러를 손해 보며 그로 인해 생산성, 신입사원 모집, 교육 비용에도 심각한 문제가 발생한다. 직업윤리 결핍증에 감염된 사람들과 접촉이 많을수록 질병은 점점 확산된다.

직업윤리가 빈약한 직원이 그룹 내에서 혜택을 누릴 경우 상황은 더 악화할 수 있다. 2006년에 발표된 「조직행동연구Research in Organizational Behavior」는 부정적 태도가 긍정적 태도보다 다루기 어렵다고 주장했다. 사회전염의 영향이 항상 동일하지는 않다. 따라서 가장 능력이 모자라는 팀원, 즉 능력이 부족하고 잘 어울리지 못하는 사람이 그룹 전체의 수행 능력을 결정할 수밖에 없다. 직업윤리가 긍정적인지 부정적인지에 따라 각 팀원의 점수를 매긴다면 점수가 가장 나쁜 팀원이 단연코 그룹 전체의 성과를 결정할 것이다. 사실 가장 협조적이고 근면한 사람은 단 한 명의 악영향과 싸우느라 죽도록 고생만 하게 된다.

하지만 사회전염의 무게가 아무리 천차만별이라고 해도 척도 자체가 늘 생각대로 작동하는 것은 아니다. 이따금 긍정적 직업윤리도 부정적 윤리만큼이나 해롭다. 이런 경우는 실리콘밸리처럼 기업 문화를 육성할 때 발생한다. 산타클라라대학 응용윤리학부 부속 마쿨라윤리센터 센터장의 주장에 따르면 실리콘밸리는 전국에서 가장 격렬하고 가장 경쟁적이며 일주일에 7일, 하루 24시간 돌아가는 환경이다. 무료 식당과 현장 마사지 서비스를 제공해 칭송받는 회사들도 기꺼이 하루 종일 일을 하려 들 것이다. 물론 터무니없이 높은 기준을 달성하기 위해서다.

의도적 선택을 암묵적으로 저자 불명의 시대정신으로 바꾸면서 팰로앨토의 문화는 결국 자신의 DNA에 사회전염을 이식한 셈이다. 투철한 직업윤리를 자살한 학생들과 직접 연결할 근거는 없지만 과도한 성취욕을 강요하는 문화가 지나치게 강렬하고 강박적인 직업윤리를 장려하는 건 분명하다. 적어도 마을 아이들을 곤경에 빠뜨린 요인으로 기능했다는 얘기다. 해커가 바이러스를 업로드하여 컴퓨터 시스템을 망치려하듯이 사회전염으로서의 직업윤리는 내면의 약점, 즉 이로운 생각과 행동에 내재한 유일한 약점을 악용한다. 학생들에게는 당연히 기존에 있던 최상의 기준을 추월하고 합리적 성취 수단을 초월하려는 욕구가 있을 수밖에 없다. 여기에 하나를 더한다면, 초월적 성공 기준에 도달하지 못할 수 있다는 생각에 불안해하고 두려워하는 경향일 것이다.

"더 오래 일하고 더 열심히 노력해 더 높은 곳에 이른다." 슈퍼 노동력의 주문은 성공을 갈망하는 젊은이들의 성가가 되어 성공과 부를 누리고 싶어 하는 아이들, 더 잘하고 싶고 훌륭한 사람이 되고자 하는 아이들 사이를 전염병처럼 마구 헤집고 다닌다.

팰로앨토에 조금 유명한 일화가 있다. 펜실베이니아대학 학부생으로 함께 방을 썼던 두 학생, 일론 머스크^{Elon Musk}와 아데오 레시^{Adeo Ressi} 이야기다. 일론 머스크는 후일 실리콘밸리 기반의 페이팔, 테슬라모터스, 스페이스엑스의 수장이 되었으며,

아데오 레시는 하이퍼로컬 뉴스 플랫폼을 구축해 아메리카온라인에 팔았고 웹개발회사와 실리콘밸리 기반의 창업회사 파운더인스티튜트를 세웠다. 이야기는 일종의 운명 신화를 가공해내는데 이를테면 이런 식이다. 어설픈 두 거물 지도자가 한 지붕 아래 산다. 두 사람이 사는 집에 뭔가 독특한 전염병이 있다. 예를 들어 투철한 직업 정신 바이러스가 두 사람을 감염시킨 것이다. 물론 실제로 그런 질병이 있을 리 없겠지만 그 집에 독특한 요소가 있었던 것만은 분명하다. 기발한 사고방식과 행동양식이 떠돌며 주변 사람들에게 동기를 부여하고 서로 영향을 미친 것이다.

　얼마 전 하비브와 대화를 마친 후 나도 모르게 그 이야기를 떠올렸다. 학생들이 소속된 문화의 직업윤리에 감염된다면 도대체 이 제도화된 광기 속으로 그들을 밀어넣은 책임이 정확히 어디에 있는 걸까? 유익하든 유해하든, 우선 어떤 유형의 회사 또는 지도자가 사람들에게 유행성 동기부여를 투사할 능력이 있는지 들여다보기로 했다. 내가 보기에 레시와 머스크는 사회전염을 빌려 지도력의 가치를 보여준 기업가들이다. 직원들부터 미래 투자자들까지 단 하나의 비전으로 묶어버린 것이다. 혁신을 향한 열정은 강력한 슬로건이다. 기업가의 지도력은 설득력이 있으며 성공과 실패 여부와 상관없이 무의식적 복제를 통해 개인은 물론 사내벤처에까지 치명적인 요인으로 작용할 것이다. 작가 존 허시$^{John Hersey}$에 따르면 유행성 열정을 의도적으로 퍼뜨리지 않는다 해도 지도자들은 필연적으로 전염병과 닮을 수밖에 없다. 지극히 강한 의지에 전염성이 있다면 사상, 철학, 노력에 몰두하고자 하는 욕구는 자연스럽게 전염될 것이다. 누군가의 열정은 생각과 행동과 감정을 동화시키며 혁신과 끈기와 성취에 불을 붙인다.

열정의 하향식 전염 현상은 아무리 봐도 진부하기 짝이 없다. 물론 지도자들의 열정은 타인에게 영감을 준다. 하지만 기업의 조직, 즉 중간 관리자들의 역할은 크고 작은 조직에서 가장 외면당하는 요소로 남아 있다. 이곤젠터인터내셔널은 미국, 독일, 일본의 헤드헌팅 기업들이 파산하는 이유를 조사했다. 그 결과 CEO의 실패가 경쟁력, 지식, 경험 부족 탓이 아니라는 사실을 밝혀냈다. 두뇌와 사업 전문성을 높이 사서 채용되었다 해도 회사의 위원회를 설득하거나 직원들의 마음을 사로잡지 못하면 결국 실패하고 해고당하고 만다.

감정을 적절히 통제하거나 표현하고 투자자들과의 관계를 중시한다면 성공한 지도자로서 구성원들과 조화를 이루고 생산적인 직업윤리를 전파할 것이다. 사람들과의 관계에서도 공감과 이해라는 궁극의 이중창을 만들어낸다. 아무 말 하지 않아도 타인의 능력을 자극하고 적절한 대화 속도와 주제, 몸동작 같은 비언어적 수단을 통해 감정을 전달할 것이다. 카리스마 있는 지도자는 특히 타인의 말을 경청하고 감정과 말과 행동에 적절하게 반응하며 해석 능력 또한 매우 탁월할 것이다. 상대의 기분에 스스로를 맞출 것이고 사고는 놀랍도록 정교할 것이다. 그런 능력이 있기 때문에 열정을 전파하는 것도 지극히 자연스럽다. 물론 타인과 야심을 나누며 타인의 자존감을 북돋는 데도 능할 것이다.

전염성의 지도력에 걱정스러운 이면이 있다면 바로 그 정점일 것이다. 정점에서는 의도와 결과가 일치하고 사람들이 지도자들의 열망과 투철한 직업의식을 배운다. 우리는 지도자들의 비전을 이루기 위해 더 오래 일하고 더 열심히 헌신할 것이다. 펜실베이니아대학 경영대학(이하 와튼스쿨) 교수 애덤 그랜트[Adam Grant]가 저서 『오리지널스』에서 지적했듯이 폴라로이드 창립자 에드윈 랜드[Edwin H. Land]는 즉석카메라를 개발할 때 옷도 갈아입지 못한 채 연이어 18일을 일했다. "실리콘밸리의 창업자들이 대개 그렇듯…… (랜드의) 관심은 (직원들이) 새로운 아이디어를 창안하고 직무에 헌신할 것인지의 여부에 있다. 직원들은 열정과 목표 의식이 비슷한 사람들과 일하며 강한 소속감과 동료애를 느낀다. 조직 내에서 동료들과의 연대가 강할 경우 다른 직장으로의 이직은 상상조차 어렵다."

좋든 나쁘든 직업의식은 지도자의 능력에서 비롯된다. 지도자는 높은 성취에의 열정을 주변에 퍼뜨린다. 최선의 경우 지도자는 직원들의 창조력, 문제 해결 능력, 업무 기여도를 자극한다. 최악의 상황은 지도자의 지도력이 지나치게 강한 경우다. 자칫 문화 전체를 불가능한 직업의식 쪽으로 몰아갈 수 있기 때문이다. 기준을 지나치게 높이고 성취의 의미를 왜곡하고 슈퍼맨 사상을 강제로 주입할 경우 우리의 잠재력은 완전히 박살나고 만다.

동기부여연구소

　　이상한 전염이 대부분 그렇기는 하지만 팰로앨토의 경우
는 기이할 뿐 아니라 점점 더 복잡해지기까지 했다. 지금까지
조사했던 두려움, 히스테리, 직업윤리, 전염성 열정 등을 생각
하고 또 생각했으나 그 어느 것도 개인의 감정 문제를 건드리
지는 못했다. 이 특정한 사회전염은 왜 그렇게 전염성이 강할
까? 팰로앨토의 상황이 독특하기는 하지만, 사회전염에 무언
가가 있기 때문에 우리 개개인이 그렇게 무력하게 당할 수밖
에 없을 것이다. 그런데 이게 체질 때문이라면 어떻게 하지?
　　하비브가 성적표를 제출한 후 나도 전염성 직업의식에 대
해 배운 바를 정리하고 필라델피아행 비행기를 예약했다. 도
착해서는 새벽 기차를 타고 30번가역으로 향했다. 역이 어찌
나 넓은지 팰로앨토의 칼트레인과는 규모와 위풍 모두 비교가
되지 않았다. 정거장은 많이 봤지만 이런 식으로 천연 석판재

를 사용하지 않은 곳은 처음이었다. 천장도 높지 않았다. 천장은 정간#間형이라 목소리는 물론이고 대리석 위로 딸깍거리는 발소리를 크게 줄여주어 마치 명상실처럼 보이기도 했다. 역 중앙의 거대한 스플릿플랩Split Flap 표지판에서 보스턴, 해리스버그, 뉴욕행 기차가 도착했다고 연신 알려주었다.

　표지판은 글자와 숫자의 타일을 번갈아 교대해 마치 검은색 디스플레이에 동영상을 띄운 것처럼 보였다. 표지판이 기계음을 뱉을 때마다 통근객들이 게이트를 향해 허둥지둥 걸음을 재촉했다. 통근의 역사는 어느 순간부터 어디에서나 이런 광경을 연출했다. 파블로프의 반응처럼 너 나 할 것 없이 바삐 움직이는 것이다. 나로서는 이 장면도 사회전염의 시각으로 볼 수밖에 없었다. 생각과 행동과 감정은 언제나 이런 식으로 그룹 문화를 헤집고 다닌다.

　나는 30번가역을 나와 걸어서 스퀼킬강 다리를 건넜다. 양쪽 강둑은 모두 검은색 선로가 차지했다. 기차들이 덜컹거리며 고가도로 아래 갈색 땅 위를 달려갔다. 적갈색의 기다란 컨테이너 화물차가 저만치 굽이쳐 돌아갔다. 나는 코트 주머니에 두 손을 구겨 넣었다. 와튼스쿨은 본교 서쪽에 있었다. 가로등마다 깃발이 내걸렸다. 펜박물관에서 고대 파나마 전시회를 하고 있었는데, 전시회 제목이 '지하에서 지상으로'였다. 그러고 보면 내가 가려는 곳도 지하인 셈이다. 두려움과 공포, 좋고 나쁜 영향들, 과도한 직업의식이 모두 그곳에서 나오지 않는가.

조용히 원형 건물에 들어서니 애덤 그랜트가 대학원 수업을 마무리하는 중이었다. 수업 주제는 조직행동이었다. 젊은 교수는 청바지에 검은 티셔츠, 감청색 테니스화 차림이었다. 머리는 짧았고 표정은 지극히 진지해 보였다. 내가 이곳까지 찾아온 이유는 그랜트가 작업의 동기와 지도력 분야를 연구하기 때문이다. 아이러니컬하게도 경제학자들이 지배한 학교교육 현장에 침투해 들어가서 그 반대의 사회전염을 퍼뜨리고 있는 격이다. "경제학은 사람들을 이기주의의 극단으로 몰아붙입니다. 당연히 탐욕을 전염병처럼 퍼뜨린 데 책임을 져야죠." 수업이 끝난 후 내게 한 말이다.

"코넬대학 경제학과 교수 로버트 프랭크[Robert Frank]도 사례를 많이 찾아냈습니다." 그가 얘기를 이어갔다. 그의 주장을 정리해보면, 경제학과 교수가 다른 분야 교수보다 기부를 적게 하며 경제학과 학생들은 사익을 위한 나쁜 행동을 많이 한다. 경제학 전공자들은 일반적으로 탐욕을 선하고 정확하고 도덕적인 품성으로 여긴다. 사실 경제학을 생각하는 것만으로도 타인에 대한 배려심은 줄어들 수밖에 없다. 사욕을 중시하는 학생들은 오로지 자신을 위해 학위를 따고 관련 분야에서 경력을 쌓는데, 경제학을 배운 터라 처음 수강신청을 할 때보다 그런 식의 신념은 더 극단적으로 흐를 수밖에 없다. 급우들도 사익의 원칙을 믿고 그 원칙에 따라 행동하기 때문에 경제학과 학생들은 대부분 이기심이 보편적이고 합리적인 경향이라고 믿는다. 따라서 사욕은 곧 규범이 된다. 개개인은 무의식적으로 전체의 행동을 모방하고 복제한 뒤 기존의 도덕적 기준들을 밀어낸다.

그랜트의 주장을 들으며 문득 데버라 브레너리스의 말이 떠올랐다. 몇 달 전 샌프란시스코에 있는 그녀의 연구실에서였다. 브레너리스의 설명에 따르면 팰로앨토의 젊은이들은 포상의 기회가 있으면 맹목적으로 달려가는데, 문제는 그 나이가 점점 낮아진다는 것이다. 나도 그런 모습을 직접 본 적이 있다. 팰로앨토에서 열다섯 살짜리 학생과 대화를 했는데, 친구 몇 명과 함께 자기 집 차고에서 전기차 배터리를 개발하고 있단다! 장치를 완성하면 전기차회사들이 수십억 달러를 절감할 것이라고 아무렇지 않게 장담하고, 심지어 일론 머스크에게 배터리 기술을 팔겠다며 출구전략까지 내놓았다. 열일곱 살 학생은 데이터 저장 시스템을 구축해 대학에 들어가기 1년 전에 시장에 내놓을 것이며, 열여섯 살 학생은 대학 입학 전에 친구가 창업한 온라인 의류회사에 들어가기로 했다고 한다. 이미 벤처 투자자들이 그 회사에 군침을 흘리고 있다는 얘기까지 덧붙였다. 또 다른 고등학생은 온라인 사회관계망을 구축하고 있는데 제품이 출시되면 페이스북은 공중분해할 것이라고 큰소리를 쳤다. 바보천치가 아닌 이상 그런 식의 자신감은 정말 자신이 반드시 승자여야 한다고 믿기 때문에 생기는 것이다.

물론 세상을 더 좋게 만들겠다는 지적·창조적 갈망이 이 고상한 꿈들의 바탕이겠지만 돈을 엄청나게 벌겠다는 의지도 그에 못지않다. 공부를 하고 과외활동에 참여하면서도 아이들은 틈틈이 시제품을 만들고 복잡한 시장 논리를 배우고 네트워크 기술을 익히고 벤처 투자자들에게 보여주기 위해 사업계획을 짜고 다듬는 능력까지 벼리고 있었다. 정말 놀라운 일이다. 팰로앨토의 10대들을 만나고 문득 엉뚱한 생각이 들었다. 저 아이들이 야심을 이루기 위해 투자한 저 엄청난 에너지가 만약 나에게도 있었다면 인생은 또 어떻게 달라졌을까?

하지만 이들의 발전적인 야심에는 다른 측면의 이야기도 있다. 경제학이 초래한 탐욕, 그 탐욕에 취한 문화, 그에 따른 사회적·개인적 몰락의 길고 오래된 역사. 17세기 암스테르담에서 튤립이 미친 듯이 팔리기 시작했다. 수요가 하늘 높은 줄 모르고 치솟은 탓이다. 판매자들이 한밑천 벌기 위해 엄청나게 달려들었다. 인기 품종이었던 스위처 튤립의 가격은 1,000퍼센트 이상 치솟았으나 결국 세계 최초의 투기 버블이 터지고 시장도 붕괴하고 말았다. 탐욕과 빚 그리고 소비자 대출이 빚어낸 버블 경제는 1929년 주식시장 붕괴보다도 이전의 사건이었다. 1990년대 후반, 기업가들이 눈에 불을 켜고 실리콘밸리로 밀려들었다. 한창 부푼 닷컴 버블에 편승해 한밑천 뽑기 위해서였다. 거품은 2000년에 터졌다. 미국 경제는 침체국면으로 곤두박질쳤다. 2008년 범세계적 경제 침체의 원인도 돈벌이가 원인이었으며 그 과정은 탐욕스러운 주택 저당 대금업자들이 주도했다.

로니 하비브에게 이런 정보를 이야기하며 학생들에게 경

제학을 가르치지 말라고 하면 뭐라고 할까? "탐욕이 그래서 생긴답니다." 모르긴 몰라도 입을 쩍 벌린 채 아무 말도 하지 못할 것이다. "경제학 수업을 없앨 수는 없습니다. 어차피 어디에서나 경제학 논리와 영향을 피할 수는 없을 테니까요." "그럼 어떻게 해야 하죠?" 그랜트에게 물었다.

그랜트는 내가 문제를 정확하게 보지 못한다고 경고했다. 경제학이 탐욕을 전파하는 측면이 있기는 해도 사회전염은 좀 더 근본적인 문제가 있다는 얘기였다. 문제는 경제학이 아니라 일반 대중에게 있다. 탐욕은 지상에서 가장 일반적인 특성 중 하나다. 너무도 보편적인 탓에 사람들이 경제학의 자극에 반응한다는 것이다. "경제학은 단지 그 특성을 건드리고 찔러보고 불을 붙일 뿐이죠. 우리 각자의 내면에 보편적으로 존재하기 때문에 그저 방아쇠만 당기면 됩니다." 그렇다 해도 의문은 남는다. 만일 경제학 같은 보편적 요인이 탐욕 같은 사회전염을 촉발한다면, 팰로앨토의 아이들은 도대체 어떤 자극에 영향을 받았을까? 너무 늦기 전에 밝혀낼 수는 있을까?

✳
✳✳

그림을 완성하기 위해서는 방문할 곳이 하나 더 있었다. 바로 동기부여연구소였다.

나는 필라델피아에서 기차를 타고 북쪽으로 향했다. 90분 후 기차가 도착한 곳은 뉴욕의 펜역이었다. 지하역은 조명이 어두워 마치 동굴 같았다. 로비 전광판이 매초 기차의 도착과 출발을 알렸다. 디스플레이의 검은색 타일판들이 차례로 뒤집히며 마치 비늘이 흘러내리는 것 같은 착각을 불러일으켰다. 에스컬레이터를 올라 8번가에 있는 웅장한 연구소에 들어갔다. 탐욕, 카리스마, 활기, 충동, 희망, 두려움, 격앙 등이 감염과 전파의 무한 시퀀스를 되풀이하는 곳.

어둑한 뉴욕대학 건물에 들어가서도 지루한 복도를 몇 번씩 꺾어 들어가야 했다. 복도 어디에나 빛바랜 황동 문손잡이가 있었다. 어느 복도 끝에 이르자 빈방이 보였다. 문은 열려 있었고 방 안으로 램프와 커피 테이블이 보였다. 그리고 두 번째 문, 그러니까 방 안에 방이 있는 구조였다. 나는 노크를 하고 따뜻한 방으로 들어갔다. 창문 밖에서 햇볕이 들어와서 방 안이 훨씬 밝았다.

피터 골비처^{Peter Gollwitzer}의 연구실이었다.

그가 가볍게 손을 저으며 나를 불렀다.

"들어와요, 들어와."

교수는 방 가운데에 있는 작은 테이블에 앉았다. 나는 맞은편 의자에 자리를 잡았다. 박사는 60대 중반에 미남형이며 표정은 진지해 보였다. 안색은 창백했으며 머리카락이 백지처럼 하얬다. 넓은 연구실 한가운데 테이블이 자리 잡았고 왼쪽으로는 소파와 의자들이 놓여 있었다. 소파 위쪽 벽에는 사진 액자가 걸려 있었다. 하나는 겨울 풍경이었고 반대편 액자는 밝은색 건물 사진이었다. 방에서는 바닥 왁스 냄새가 났다.

"동기가 어떻게 행동에 영향을 미치는지 알고 싶으시다고요? 그 영향이 얼마나 강한지도?" 골비처가 상냥하게 물었다. 말투는 진지했으며 살짝 독일어투가 배어났다.

"예. 그래서 왔습니다."

"사람들이 어떻게 동기부여를 고민하게 되는지도 알고 싶으시겠죠. 어떻게 거창한 목표를 세우고 타인에게서 목표를 건네받고 또 어떻게 해석해서 행동으로 바꾸는지도."

"예. 그리고 더 있습니다." 사실 팰로앨토에서 일어난 사건들이 특정한 사회전염에 왜 그렇게 반응했으며 그 동인들을 구분하려면 어떻게 해야 하는지도 알고 싶다고 대답했다.

교수가 눈 하나 깜빡 않고 나를 보더니 안경을 벗었다. 안경테가 두꺼웠다.

"그러니까 점화단서Primes 얘기를 하고 싶으신 거군요."

점화단서의 문제

연구소는 낡은 파이프로 난방이 이루어졌다. 문득 그런 생각이 들었다. 윌리엄 제임스^{William James}, 클라크 헐^{Clark Leonard Hull}, 로버트 여키스^{Robert Mearns Yerkes}, 딜링햄 도드슨^{John Dillingham Dodson}은 충동, 보상, 자극 등 사람들이 목표를 추구하도록 유도하는 요인을 연구한 선구자들이다. 그 많은 심리학자들 사이 어디에 골비처가 들어갈 수 있을까? 동기부여와 관련해서 보다 폭넓게 공인된 이론들을 보면 사람들이 목표를 추구하는 까닭은 그 대상이 성취 가능하고 매력적이며 사회적으로 바람직하기 때문이다. 하지만 뮌헨의 막스플랑크 심리학연구소의 선임연구원 골비처에 따르면 아무리 대상이 그럴듯하다 해도 이따금 도전을 마다하는 경우도 있다.

뉴욕대학 동기부여연구소는 점화단서를 활용해 한 개인의 욕망을 강력한 목표 몰입으로 전환하기 위해 특별한 전략과 도구를 마련했다. 점화단서란 사람들이 무의식적으로 새로운 생각과 행동과 감정을 받아들이도록 유도하는 단어, 소리, 대상들을 뜻한다. 헐과 제임스 같은 행동주의 심리학자들도 점화단서를 언급했는데, 암시의 힘과 최면을 이용해 개인의 목표를 유도하는 과정이라는 의미였다. 후일 코네티컷대학은 그 가설을 보완하는 실험을 했는데 언어적·비언어적 실마리를 활용해 피실험자들을 유도하도록 했다. 이때 활용한 방법이 각성 암시Waking Suggestion, 즉 비최면 암시 방식이다. 골비처의 이론이 맞다면 사람들은 무의식적으로 서로의 목표를 공유한다. 누군가에게 목표를 감염시키는 과정은 일반적인 행동 모방Behavioral Mimicry 중에서도 특정한 점화단서, 즉 실마리에 사람들을 교묘하게 노출하는 것까지 포함한다. 머릿속에 좋고 나쁜 생각들을 몰래 심은 뒤 몸이 그 생각들을 좇도록 동기화하는 것이다.

골비처는 사람들이 눈치채지 못하게 일정한 목표와 행동들, 즉 독단, 융통성, 유연성, 호전성, 성공을 향한 동기부여 등의 성격들을 아주 쉽게 전염시킬 수 있다고 장담했다. 그의 처리방식을 보면 글쓰기 단서Writing Prompts에 복잡한 단어들을 숨겨 사람들에게 알려주기도 하고 정교한 단어들에 특정한 생각이나 행동들을 은밀하게 주입한 뒤 사람들에게 노출하기도 한다. 개인이 구체적인 사실에 관심을 갖게 하기 위해서 소위 '체화 점화Embodied Priming' 기술을 활용한다. 미리 점 잇기Connect-the-Dots 게임을 제공하는 식으로 피실험자의 진행을 늦추기도 한다.

다른 종류의 실험에서는 스크린 이미지 사이에 '빨리', '정확히' 같은 단어들을 빠르고 반복적으로 노출했다. 그런 단어들은 눈으로 감지할 수 없지만 피실험자들을 보다 빠르고 신중하게 일하도록 유도한다.

그와 동료들은 한때 특별한 실험을 시도했다. 한 남자가 휴가 계획을 세우는 내용의 짧은 시나리오를 참가자들에게 읽게 했는데, 그중 한 부류의 참가자들에게는 주인공의 직업이 농부이며 돈벌이가 목표라는 사실을 은밀하게 드러낸 시나리오를 읽게 했다. 그런 다음 그들에게 짧은 임무를 맡겼다. 임무를 수행하고 나면 다른 임무가 기다리고 있으며 그땐 돈도 벌 수 있다고 알려주기도 했다. 목표 조건 참가자들, 즉 주인공의 직업 정보를 아는 피실험자들은 통제 조건의 참가자들보다 마지막 임무를 수행하기 위해 더 빨리 더 열심히 일했다. 다시 말해서 다른 사람의 목표 기반 행동, 즉 농장에서 돈을 벌기 위해 일하는 경우 피실험자들은 유사한 목표를 품고 또 추구했다. 농부와 방식이 다르다는 사실도 문제가 되지 않았다. 골비처가 보기에 훨씬 더 매혹적인 결과는 이 효과가 자동적이라는 데 있었다. 목표를 체화하기 위해 구체적인 지시가 필요한 것은 아니었다.

"물론 이 점화단서는 실험실 밖에서도 발생하겠군요."

"그래요. 실험실 밖이 훨씬 더 흥미롭지요. 실험실을 벗어나면 일상적 실마리를 통해 타인의 목표를 받아들입니다. 주변 사람들한테서 점화단서를 습득하기 때문이지요. 삶과 행동의 90퍼센트가 바로 그 점화단서들을 통해 무의식적으로 목표를 추구한 결과입니다." 그의 말이었다.

이를테면 내가 모를 뿐이지 내 목표 자체가 실제로 친구나 주변 사람의 목표일 수 있다는 뜻이다. 오늘 아침 던킨도너츠가 아니라 스타벅스에서 라테를 주문했다. 어쩌면 길을 걷다가 쓰레기통에서 언뜻 커피잔 상표를 보았거나 아니면 조간신문을 살 때 어느 여성의 옷에서 스타벅스 커피 냄새를 맡았기 때문일 것이다. 이런 신호들이 커피 한 잔이 필요하다거나 뭐든 마셔야겠다는 내 생각을 촉발했을 수도 있다. 그런데만약 이런 즉흥적인 신호가 보다 본질적인 결정으로 이끈다면어떨까. 예를 들어 가정을 꾸리고 싶다는 식의 중요한 결정 말이다.

팰로앨토에서 연쇄자살이 발생했을 때 그 이유를 두고 왈가왈부했던 이론들을 생각해보았다. 골비처라면 이렇게 주장했을 것 같다. "환경의 점화단서들이 직업의식, 야심, 탐욕, 두려움 기반의 반응 같은 사회전염을 유도했을 겁니다." 하지만지금껏 습득한 사회전염 이론을 감안한다면 우리 정신은 절대약하지 않다. 자신이 만들어내지 않거나 자신에게 해가 되는생각들은 얼마든지 뿌리칠 수 있다는 뜻이다.

동기부여연구소는 반대 증거를 계속해서 찾아냈다. 지극히 사적인 목표들이 실제로는 자신도 모르게 사회의 점화단서들에서 비롯된다. 목표는 전염성이 강하지만 인간의 정신은자기가 주도한 목표와 타인에게서 빌려 온 목표를 쉽게 구분하지 못한다.

예를 들어 골비처의 주장에 따르면 여성들은 동료가 아이를 낳으면 그 후 13개월에서 24개월 사이에 임신하는 경향이 있다고 한다. 이런 식의 전염이라면 남성의 역할은 무시해도 좋을 정도다. 임신하지 않은 동료에게 임신한 언니가 있을 경우 그 언니가 아이를 낳은 지 18개월 이내에 동료 여성들에게 아이를 갖고 싶다는 생각을 전파하게 될 것이다. 다시 말해서 모르는 사람의 임신도 의도치 않게 영향을 미칠 수 있다는 뜻이다. 전염성 목표 이면의 메커니즘은 생물학적 동시성은 물론이고 월경주기를 맞추는 화학적 신호를 뛰어넘으며 심지어 두려움 기반 반응을 촉발하는 겨드랑이 땀 화합 물질의 생물학적 신호들까지 초월한다. 골비처는 더 보편적인 현상을 이야기하고 있었다. 점화단서는 평범한 일상 속에 보일 듯 말 듯 숨은 채, 의도적·비의도적으로 우리 개개인의 욕망과 목적 의지를 자극한다. "은밀하고 노련하게 점화 전략을 이용해 우리를 조종합니다." 골비처의 말이다.

쿼티 키보드의 기본 배열은 기막힌 천재적 발상이다. 사용자를 안정시켜 오타를 최소화하게 만들었다. 잭인더박스^{Jack in the Box}의 로고에는 숭고한 종교적 암시가 들어 있다. O와 X를 결합해 예수 물고기 상징을 만들고 우리가 일정한 가치체계에 순응하도록 부추긴다. 광고인들은 구매 욕구를 자극하기 위해 고객들의 환경이나 경험을 활용한다. 예를 들어 단일 주방용품을 보여주는 대신 현대식 부엌을 그림으로 보여준다. 대통령 선거유세에서는 색, 빛, 실내온도가 군중의 활력과 기분을 좌우하며 백화점은 빠른 음악으로 고객들이 상품 코너 사이를 바쁘게 움직이고 더 많은 상품을 보도록 유도한다. 물론 원하는 물건을 찾도록 기회를 더 많이 제공하기 위해서다.

점화단서를 이해하고 나자 팰로앨토의 이상한 전염 사건은 더 복잡해졌고 개념도 달라졌다. 나는 간략하게 지금까지 배운 내용을 점검해보았다. 사회전염을 억누르는지 확산하는지의 차이는 지극히 미묘하다. 히스테리는 정신력을 강화하기도 하고 망상과 두려움의 악순환을 낳기도 한다. 게다가 목표까지 우리의 생각과 행동과 감정을 감염시킨다고 하니 이 심리학적 그림에 마음만 비장해졌다.

골비처는 손에 든 안경으로 내 뒤를 가리키며 말했다. "바로 저곳에서 팀미팅을 이끌어요." 나는 고개를 돌려 맞은편 소파를 보았다. 2인용 소파 위쪽에 흑백사진이 몇 장 걸려 있었다. 처음 이 방에 들어왔을 때도 시선을 끌었는데 지금 보니 배터리 공원도 보였다. 배경에는 허드슨강이 있었고 금속 철문에는 눈이 먼지처럼 매달려 있었다.

"논쟁이 종종 뜨거워지거든. 그래서 사진사에게 흥분을 가라앉혀줄 만한 사진을 부탁했지."

그 말을 소화하기도 전에 박사는 내 관심을 자기 책상으로 이끌었다. 책상은 연구실 가운데 벽에 붙어 있었다. 박사가 가리킨 곳은 책상 위 포스터였다. 일부는 벽돌로 일부는 목재로 된 짝이 맞지 않는 지붕이었다. 둘 다 색은 밝았다. "나를 위한 사진이에요. 창의력으로 이끌거든요."

혀를 내두르지 않을 수 없었다. 자신을 위해 점화단서들을 안배하다니! 물론 무의식적으로 기분을 달래고 행동을 이끌고 힘을 강화하고 약점을 보완하기 위해서일 것이다.

그때 바로 앞의 벽에 있는 또 다른 포스터 하나가 시야에 들어왔다. 나는 손가락으로 유리 고층빌딩을 가리켰다. 유리창마다 왜곡된 이미지들이 이어진 게 특별했다. "대학원생들이 이 테이블에서 연구 프로젝트를 두고 토론을 해요. 이 사진은 다른 관점에도 마음을 열도록 유도합니다." 그의 대답은 그랬다.

"핵심은 이래요. 우리가 누군가에게 영향을 받는다는 사실 자체를 거의 모른다는 것이지." 그가 말했다.

"어쩐지……." 나는 잠시 멈추고 적당한 단어를 고심했다. '섬뜩하다', '잘못된 것 같다', '무섭다' 따위를 떠올리다가 결국 '위험해 보인다'라는 말로 마무리했다.

'목표 추구'라는 이름의 전염병은 은밀한 점화효과를 통해 그 목표가 우리 내면에서 온 것처럼 생각하고 행동한다는 사실을 보여준다. 기업체는 그 신호가 무엇인지 알아내기 위해 매년 수십억 달러를 투자한다. 잠재적 소비자들을 제대로 이해해야 내 편으로 만들 수 있기 때문이다. 우리는 이 정보를 활용해 부품을 팔고 사회적 변화를 시도한다. 브라운대학은 인종 편견의 변화에 관심을 두고 안면 인식으로 자가 보고 연상작용Self-Reported Associations을 측정했다. 연구자들은 특히 백인이

흑인 소수민족의 얼굴을 보는 방식에 관심이 많았다. 2007년에는 긍정적 연상의 수가 증가했다. 미국 대통령 선거가 한창이었는데 당시 버락 오바마[Barack Obama] 주변의 그림 상당수가 그의 얼굴과 '희망', '변화' 같은 단어를 함께 포함했다. 연구 결과에 따르면 매체 노출 덕분에 사람들은 성공적으로 부정적 인식을 버리고 고정관념을 뒤집었다.

우리는 언제 어디서든 이미지와 대상을 의미화한다. 세상에 중립적인 것은 존재하지 않는다. 어느 대상이든 판단과 느낌과 반응을 요구하며 후일 기억에서 사라진다 해도 결국 우리 결정에 어떤 식으로든 영향을 준다. 어느 날 거리를 지나다가 무언가를 언뜻 볼 기회가 있다면, 당연히 우리의 본능적 기억을 환기할 것이다. 마케터와 광고인들은 시각적 특성이 매우 낮으면서도 직접적이고 순간적으로 우리 마음을 끄는 이미지를 찾아내기도 한다. 일단 생각과 행동과 감정이 무의식 상태에서 누군가로부터 타인에게 전달된다는 사실을 이해하면 경향과 전염의 경계선은 얼마든지 무너질 수 있다.

골비처의 이론처럼 우리는 종종 점화단서들을 이용해 우리 자신을 이끈다. 가령 취업 인터뷰를 할 때는 정장을 차려입고 우리 자신과 미래의 고용주에게 체감 수준의 전문가 느낌을 주입한다. 시합 전 의식을 통해 의도에 집중하고 요새를 강화하고 승리를 그리는 것이다.

하지만 여전히 불안감은 사라지지 않았다. 이 과정에 정통한 사람이 있다면 타인을 쉽게 조종해 자신의 이익을 위해 행동하게 만들 수도 있다는 말이 아닌가. 예를 들어 최면술사는 청중들을 홀려 지갑의 돈을 넘겨받을 수 있다.

"얼마든지 가능하지만 하나는 불가능해요." 골비처가 대답했다. 그가 손으로 안경을 어루만졌다. 문득 이 사소한 행동 또한 나를 어떤 식으로 조종하려는 의도가 아닐까 하는 생각마저 들었다. 마치 노끈으로 고양이를 유혹하듯이 말이다.

"안전장치Failsafe." 그가 말했다.

"안전장치가 있습니까?"

"안전장치야 늘 있지요."

안전장치 망가뜨리기

"목표에 감염되려면 그 목표가 이미 우리의 행동 어휘에 속해야 해요." 골비처의 말이다. 어떤 메커니즘이 타인의 생각과 행동과 감정에 영향을 미치려면 우선 일정한 내적 조건들을 충족해야 한다. 안전장치가 없다면 우리는 점화단서들을 좇아 벼랑에서 뛰어내리거나 상점을 털게 될 것이다. 아니 애초에 안전장치가 없었다면 속수무책으로 사회전염에 걸릴 수밖에 없다. 골비처는 사회전염에도 저항이 있다고 얘기하고 있었다. "안전장치가 본유의 어휘에 속하지 않는다면, 다시 말해 반규정적이라면 애초에 전염이 되지도 않아요."

내성적인 사람들이 공격적으로 행동하도록 점화효과를 내려면 그들이 살아오면서 독단적으로 행동한 적이 있어야 한다. 여성들이 동료나 자매로부터 아이를 낳고 싶다는 욕망을 가져왔다면 그 전에 엄마가 된 자신을 상상해본 적이 있을 것이다. 탐욕 등의 반사회적인 특성은 너무도 보편적이라 지극히 자애로운 사람들도 그런 성향을 드러낼 수 있다. 따라서 우리는 모두 사회전염에 취약하다.

골비처는 팰로앨토의 문제를 다시 지적했다. "자기파괴가 대부분의 사람들에게 반규정적이라고 생각하죠? 만일 어떤 실험에서 우리가 수행해야 할 임무가 있고 또 그 방식이 자기파괴적이라면 얼마든지 가능해요. 그 이유는 우리가 언젠가 자기파괴적이었기 때문이죠."

영혼 깊숙이 자리 잡은 특성들이 대부분 그렇듯이 우리는 판단력이 있음에도 불구하고 유해한 행동을 지향하는 경향이 있다. 대개는 그 경향이 치명적인 자해 단계 이전에 멈춘다지만 난 여전히 불안했다. 팰로앨토 사람들을 지키는 데 그 수준의 안전장치만으로는 충분하지 않기 때문이다.

"아무튼 문제가 되는 신호를 구분해야겠군요." 내가 말했다. 그렇게 할 수 있다면 체계적으로 신호들을 찾아 제거할 수 있다. 하지만 그렇게 말하면서도 단언이라기보다는 질문처럼 들리는 것은 어쩔 수가 없었다.

골비처도 자신이 없는지 한숨을 내쉬었다. 우리 공동체에는 원인이 될 만한 신호가 수십, 수백 개는 된다. 실리콘밸리만 보더라도 그렇다. 자율주행차, 스탠퍼드대학, 최첨단 제품을 선전하는 광고판, 대기업에서의 승진 기회 등이 모두 성취, 충동, 탐욕, 직업윤리를 위한 점화단서들이다. "신호가 하나든 여럿이든 해결이 불가능한 행동들도 있어요." 그의 말에 나도 모르게 살짝 한숨이 나왔다.

점화단서를 찾아내 속도를 늦출 수는 없는 걸까? 충동을 억제하는 점화단서는? 좌절에 빠진 이들에게 희망을 주입하는 점화단서는? 기분에 변화를 주어 정신병을 예방하는 점화단서는 어떻게 찾지? 치명적인 순간에 다시 생각하게 만드는 점화단서는? 삶의 고통이 삶의 가치보다 뜨겁게 불타는 그 순간만 이겨내면 되지 않을까?

"실험실이라면 가능할지 모르죠." 박사의 대답이었다. 그의 연구소에서는 사람들을 유도해 보다 체계적으로 행동하고 정교하게 사고하도록 만들지만 그렇다고 점화효과에 늘 성공하는 것도 아니다. 바깥세상이라면 더더욱 얘기가 다르다. 행여 한두 문제를 해결해 몇 사람을 구제한다 해도 세계를 휩쓰는 두려움, 히스테리, 직업의식, 탐욕 등의 바다를 어찌 모두 다룬단 말인가. 또 어떤 위험이 도사리는지 누가 알겠는가. 동기부여연구소가 인간의 경험을 어느 정도 해독할 수는 있지만 인간의 경험 그 자체는 (좋은 경험이든 아니든) 연구기관의 건전한 연구자 무리가 풀어내기엔 너무나도 복잡하고 섬세하다.

뉴욕대학 심리학과를 나와 동쪽으로 걷는데 머릿속은 더 복잡하기만 했다. 나는 모퉁이를 돌아 브로드웨이로 들어섰다가 티시예술대학 입구에서 걸음을 멈추었다. 호텔로 돌아가

가방을 챙겨 캘리포니아로 돌아갈 때까지는 아직 여유가 있었다. 나는 문을 열고 안으로 들어갔다.

로비는 동굴 같은 공간이었다. 벽돌 바닥은 깨끗했고 벽은 백지처럼 새하얬다. 사진들이 줄지어 걸려 있었다. 광활한 풍경, 파도치는 바다, 옥돌 해변, 아치 모양의 암벽들……. 골비처라면 이 그림들이 점화효과를 일으켜 우리가 변화와 자유를 추구하거나 혹은 고귀하고 무한한 가능성에 도전하게 된다고 말했을 것이다. 그렇게 건설적인 기질을 끌어내고 약점을 극복하고 궁극적으로 이런저런 행동에 도전할 것이다.

하지만 정작 그림을 보고 느낀 것은 암울한 체념과 식을 줄 모르는 조급함이었다. 자기파괴적 충동은 여전히 가장 절박한 순간에 우리를 유혹하고 자극한다. 그런데 아직도 그 해결책 하나 찾아내지 못하고 있다.

티시예술학교를 보니 건고등학교 학생 소냐 레이메이커가 생각났다. 레이메이커는 이곳에서 하는 유명한 연극 프로그램에 참여할 것을 제안받았다. 그런데 시작하기 2주 전 칼트레인 선로에서 생을 마감하고 말았다. 팰로앨토 생각도 났다. 골비처의 이론으로 팰로앨토의 비극과 맞서 싸울 수 있을까? 가능할 것도 같지만 솔직히 자신은 없었다. 팰로앨토에 돌아가서 자원을 공유하고 안전망을 씌우고 비장하게 토론에 임할 수는 있다. 하지만 어떤 점화단서들이 유해한지, 자살을 막기 위해 어떤 단서들을 활용할 수 있는지, 그래서 무슨 소용이 있는지, 밝혀진 것은 아직 아무것도 없었다. 지금까지 조사한 내용들도 너무 복잡하기만 하다. 말 그대로 온 세상의 점화단서들을 모조리 추적해야 할 판이니 왜 아니겠는가.

어떤 신호가 레이메이커를 비롯한 다섯 학생들을 죽게 했을까? 고민하면 할수록 영원히 그 신호를 찾아내지 못하리라는 생각에 기분만 참담해졌다. 점화단서들은 어디에나 있다고 했던가. 경제, 지도자, 심지어 쓰레기까지도 점화단서가 될 수 있다면 도대체 어떻게 맞설 수 있을까. 상황은 어렵게만 보였다. 혹시 정말로 불가능한 건 아닐까?

하지만 그렇다고 해서 지금까지의 여행을 무의미하게 만들 수는 없다. 어떻게든 버젓한 결론에 도달하기 위해서라도 이렇게 말할 수는 있다. 골비처의 말처럼 우리 주변 세계는 동기부여 능력이 있다. 그 능력이 나로 하여금 계속 나아가 목표에 도달하도록 추진력을 제공할 것이다.

지금으로서는 그저 집에 돌아갈 생각뿐이다. 아들을 보고 싶다.

하루가 저물어간다. 나는 복도 하나를 마저 돌았다가 밖으로 나가 호텔로 향했다. 도로에서는 소음이 들렸고 사람들과 부딪쳤다. 나는 계속 8번가역 계단을 내려갔다. 다시 아래로 내려가 지하 세계를 탐색해야 한다.

5부

방해꾼들

"맞서지 않으면 침략은 전염병처럼 번진다."

지미 카터Jimmy Carter

용기의 혁명을 보여준 남자

부자들이 사는 동네를 방문했다. 어느 집이든 주철 대문
이나 키 큰 관목 울타리로 단단히 사생활을 보호하고 있었다.
자동차들은 천천히 달렸다. 보라색 재킷을 입은 주차 요원들
이 다가왔고 그중 한 명이 차문을 열고 기다려주었다. 다른 요
원은 나를 거리 맞은편 저택으로 안내했다. 통로 끄트머리에
있는 건물 바로 옆에서는 기막힌 폭포가 2층 높이에서 떨어져
내리고 있었다.

필라델피아와 뉴욕에서 돌아오고 두 달이 지난 뒤 와튼
스쿨의 애덤 그랜트에게서 이메일을 받았다. 자료수집 여행이
원만하기를 기원한다는 그는 다음 주에 열리는 어느 파티에
함께 참석할 수 있는지 물었다. 파티는 유력한 첨단산업 대표
의 저택에서 열리고, 석학 10여 명이 모여 그 지역의 사회선염
에 대해 의견을 교환할 예정이라고 했다.

이런 저택에 초대받은 것은 처음이었다. 실내는 고급 호텔 로비 같았고 여기저기 포스트모던한 샹들리에가 화려했다. 비디오 스크린들이 복도 벽을 가득 채웠다. 그랜트는 친구와 동료들에게 나를 소개했는데 인사를 거듭할수록 사람들이 비중이 있어 보였다. 다들 값비싼 스포츠코트와 청바지 또는 검은 정장 차림이었다. 나는 파티 중에 빠져나와 집 주변을 돌아다니다가 전면 유리창의 예술적 풍미에 푹 빠졌다. 엄청난 부의 향연이었다. 이 압도적이고 화려하기 그지없는 향연에 사실 내 마음도 복잡하기만 했다. 평생 이런 부를 꿈꾸었으나 아직은 다른 세상 얘기일 뿐이기 때문일까?

아니, 그뿐이 아니다. 왠지 맞지 않는 옷을 입은 기분이기도 했다. 주위에는 저명한 테크놀로지 지도자들, 실리콘밸리 명사들, 온라인 플랫폼 설립자들, 그 밖에도 공학에서 조직행동 분야까지 온통 박사들뿐이었다. 괜한 곳에 왔다는 후회가 짙어지면서 난 곧바로 부엌으로 물러났다. 그곳에는 어떤 젊은이가 혼자 조용히 서 있었다. 피부는 갈색이고 입은 가늘고 턱 가운데가 움푹 들어갔다. 입가에는 짧은 그루터기 수염을 길렀다. 셔츠는 선홍색, 바지는 헐거웠고 칼같이 다림질을 했다. 이 파티에서 얼굴을 알아본 사람들과 마찬가지로 세상에 적잖은 족적을 남긴 인물이었다. 이 사람에 비하면 다른 손님들의 성취는 사실 아무것도 아니었다. 그는 바로 구글 직원 와엘 고님Wael Ghonim이었다. 지금은 조용히 쿠키를 손에 들고 우물거리고 있으나 2년 전 이집트혁명을 촉발해 독재자 호스니 무바라크^{Hosni Mubarak}를 끝장낸 장본인이기도 했다.

타인에게 생각을 전하는 행위는 일종의 진실을 전파하는 격이다. 그 행위에 감염이 되어야 열정을 확보하고 또 그 열정으로 타인을 감염시킬 수 있다. 2010년 이집트 경찰은 와엘 고님의 고향에서 한 젊은이를 체포해 처형하였다. 고님은 그에 대항해 페이스북 페이지를 만들었고 경찰의 폭거를 맹비난했다. 어쩌면 고님은 죽은 청년을 보며 동병상련을 느꼈을 수도 있다. 세대 간의 유대와 조국애에 기반을 두어 연대감을 형성했을지도 모른다. 아니면, 비록 이해하기는 쉽지 않으나 사회관계망 내의 정서에 공감하는 것이 당시 젊은이들의 사고방식일 수도 있다. 어쨌든 그 감성에 25만 명의 네티즌이 감응했고 고님의 페이지에 '좋아요'를 눌렀다. 고님은 그때 팔로어들을 비롯해 이집트의 노동자, 온건한 활동가, 불만에 찬 공무원들을 부추겨 광범위한 민주 시위를 일으키고 정부를 향한 분노를 개혁 요구로 승화했다. 2011년 1월 그가 이집트에 입국하자 이집트 경찰은 현장에서 체포했다. 그러자 국제사회가 고님을 당장 석방하라며 압력을 가했다. 체포된 지 12일 후 고님은 영웅 대접을 받으며 석방되었다.

페이스북에서 시작된 용기라는 이름의 사회전염은 그렇게 멀리, 널리 퍼져나갔다. 반^反무바라크 운동은 타흐리르 광장으로 쏟아져 나와 전례 없는 분노와 결의를 터뜨렸다. 동기부여연구소의 피터 골비처에 따르면 누구에게나 잠재적 용기가있다. 다만 내면의 용기를 표출하려면 특정한 신호가 자극할 때까지 기다려야 한다.

역사는 병사와 시민과 예술가들로 가득하다. 그들은 점화단서들을 탐색해 대중을 벼리고 두려움에 대항할 수 있도록 유도한다. 영국의 낭만주의 시인 퍼시 비시 셸리[Percy Bysshe Shelley]도 용기에 대해 시편들을 쓴 바 있다. 서사시로는 정치의식과 혁명을 노래했고 담화시로는 비폭력과 사회정의를, 그리고 〈칸토[Canto]〉에서는 승리의 방법을 토로했다. 그가 죽은 후 그의 시어들은 혁명가의 입을 타고 번져나갔다. 마하트마 간디[Mahatma Gandhi]는 셸리를 용기의 원천으로 삼았다. 마틴 루서 킹[Martin Luther King] 목사도 그를 좇아 시민권운동을 자유의 노래로 가득 채우고 '시민들에게 새로운 용기를'이라는 슬로건을 외치며 투쟁심을 부추겼다. 저항예술 역시 사람들에게 용기를 퍼뜨려 집권자에게 대항하게 한다. 행동미술은 그 힘을 모아 정치 환경을 바꾸고 스스로가 가장 강력한 무기이자 막강한 전염병임을 증명하기도 했다. 용기는 종교와 문화를 막론하고 여전히 커다란 미덕이다. 칼 로저스[Carl Rogers]에게 용기는 안전 대신 성장을 선택하기 위한 기폭제였다. 알프레트 아들러[Alfred Adler]에게 용기는 성장의 핵이며, 아리스토텔레스는 용기를 비겁과 무모라는 양극단 사이의 중용이라 일컬었다. 공자는 귀족 전사의 가치보다 용맹을 중시했고 앨버트 밴듀라는 용기를 자기효능감[Self-Efficacy]의 제1선언이라 주장했다. 누가 뭐라고 용기를 해석하든 간에 우리는 대리모델링[Vicarious Modeling]을 통해 용감한 사람의 전기나 이야기를 읽고 무용담을 듣고 〈위풍당당 행진곡〉

같은 음악을 들으며 용기를 낼 수 있다. 용맹한 사람과 간접적으로 접촉만 해도 영감을 얻고 비슷한 행동을 할 가능성은 증가한다.

팰로앨토에서도 용기를 목격했다. 사실 더 정확히는 용기와 두려움, 두 사회전염 요소들 사이의 싸움이라고 해야겠다. 우리는 상실감에 직면했을 때 함께 일어나기 위해 싸우며 나쁜 소식이 반복될 때마다 우리 자신을 향해 쓰디쓴 질문을 던진다. 이따금 용기보다 두려움이 강하게 느껴질 때도 있다. 작가 윌리엄 이언 밀러William Ian Miller는 전염성 감정의 무게가 달라서 발생한 일들을 이야기로 엮었다. 용기는 전염된다. 두려움이 함께할 경우 효과는 더 강렬하고 지속적이다. 그가 한 얘기다.

내가 보기에 불굴의 용기를 전파하기 위해서는 시스템을 전복하고 관대함이나 귀감, 개인 책임의 모델을 내세우고 격렬한 전쟁 중에도 냉정함을 과시하는 식으로 주변 환경에 대적해야 한다.

고님은 자신의 행동이 도화선이 되어 놀라운 사건이 일어나는 것을 보았다. 그가 이집트에 풀어놓은 용기는 전염이 되어 국경을 넘어 번져나갔다. 민주 시위가 리비아를 휩쓸었고 60년 만에 처음으로 자유선거를 이끌어냈다. 요르단의 시위대는 압둘라 왕을 압박해 국회를 해산하고 국무총리를 제거했다. 바레인 국민들은 정치의 자유를 요구했으며 사우디아라비아의 압둘라 왕은 시위대의 요구를 받아들여 신경세개혁안을 발표하고 여성의 투표권을 인정했다.

고님은 청색 쟁반에서 쿠키를 몇 개 집어 내게 권했다. 내가 먼저 말을 걸었다. "지금 실리콘밸리에 영웅이 필요할 것 같군요. 용기와 인내 같은 건강한 사회전염을 전파해야 하지 않겠습니까? 학생이 다섯이나 죽었어요. 그 바람에 불확실과 불안이 만연하지만 그렇기 때문에 더욱더 두려움과 히스테리와 싸우고 결의를 다져야 해요. 다행히 여기에는 영웅들이 많습니다. 직접 만나지는 못했어도 그 사람들의 업적은 익히 아실 겁니다. 역할이든 언어든, 지금껏 그분들의 업적을 당신 삶으로 체화했을 테니까요. 그리고 고님, 당신이 이집트에서 돌아오면서 우리는 영웅 한 분을 더 얻었습니다."

고님은 쿠키 쟁반을 내려놓고는 냅킨으로 입술을 훔친 뒤 내가 얼마나 오해하고 있는지 얘기했다. "영웅은 때때로 용기보다 많은 걸 전염합니다."

또 하나의 점화단서, 롤모델

"펠로앨토는 아이비리그 전설로 가득합니다. 학업을 포기한 후 억만장자가 된 사람, 청바지를 입은 천재 등 다양하죠. 내가 영웅의 자격이 있다고는 생각지 않아요. 이집트혁명에 공헌은 했지만 다른 사람들의 투쟁에 비하면 미약하기 짝이 없습니다." 그의 말이다. "하지만 롤모델의 좋은 예가 아닙니까?" 내가 반박했다. "문제는, 아이들이 롤모델이나 영웅들과 경쟁하려고 낑낑거리지만 실제로는 일종의 개인 신화에 지나지 않아요. 신화는 결코 사실이 될 수 없습니다." 그가 대답했다.

새로운 이론은 아니다. 지금껏 조사하면서 유력한 지도자들이 어떤 식으로 카리스마를 전파하는지 실컷 보았다. 지도자들은 투철한 직업윤리와 무자비한 혁신을 강요하고 완벽주의를 밀어붙였다. 문학작품의 영웅은 독자들에게 웅대한 야심

을 불러일으킨다. 하나같이 성공, 성취, 업적을 향한 집요하고
도 보편화된 투쟁을 부추긴다는 것이다. "그렇다 해도 선한 모
델이 어떻게 나쁠 수 있습니까?" 내가 물었다.

사실은 롤모델이 나쁠 수는 없다. 2012년 조직심리학자
들이 《응용심리학저널》에 연구 결과를 발표했다. 그들은 영재
연구와 관련한 막대한 연구 결과를 인용하며 '성공, 성취, 업적
을 향한 집요하고도 보편화된 투쟁'이 어떻게 장기적으로 긍
정적인 암시를 이끌어내는지 보여주었다. 야심은 사실 악명을
감수할 수밖에 없다. 본질적으로 공감 능력이 부족한 데다 추
진력이라는 이름으로 그 밖의 모든 여건을 압도하기 때문이
다. 하지만 연구에 따르면 야심은 우리를 불만족으로 이끌거
나 성공을 향한 집요한 갈망을 낳는 식의 결함과는 거리가 멀
었다.

그렇다고 가능성까지 없다는 뜻은 아니다. 옥스퍼드대학
정신과 교수 닐 버튼^{Neel Burton}에 따르면 야심이 큰 사람은 저항
과 실패에 민감할 수밖에 없으며 따라서 늘 불만족스럽고 좌
절감도 크다. "야심가로 살고자 하면 두려움과 불안은 친구가
된다." 고님이 실리콘밸리에 가져다준 성취 수준은 전례 없이
높은 수준이다. 몇몇 아이들은 당연히 고님을 어떻게든 따라
잡겠다고 달려들 것이다. 즉, 실리콘밸리에 돌아온 이상 고님
역시 또 하나의 점화단서가 된 것이다.

그날 밤 집으로 돌아오는 길은 심경이 복잡했다. 두어 시
간뿐이기는 했어도 파티장을 어슬렁거릴 때 불현듯 그 엄청난

사치의 일부라도 내 것이라면 얼마나 좋을까 생각했다. 실리콘밸리를 관통하는 분위기도 이와 비슷할 것이다. 성공 신화로 가득한 공동체에서 능력이 부족한 사람들은 롤모델의 성공 신화에 편승하려 한다. 그러다 보면 그 정도 성공도 하지 못한다는 자괴감에 빠질 수도 있고 부질없는 야심을 불태울 수도 있다. "자신이 기본적으로 무능력하다는 사실에 크게 위축될 수밖에 없어요. 결국 무기력에 빠지거나 때로는 파괴적으로 변하기도 하죠." 버튼의 결론은 그랬다. 영웅들은 카리스마 있는 강력한 지도자인 동시에 사회전염의 보균자일 수도 있다. 득보다 해가 될 수 있음을 잊지 말아야 한다.

✱✱

고님은 페이스북에 선전전을 포스팅했다. 이집트혁명은 탄력을 얻어 수십만의 이방인들을 끌어들였다. 흥미로운 일은 이집트의 인터넷 사용 인구가 전체 인구의 20퍼센트도 채 되지 못했다는 사실이다. 고님이 인터넷에서 '이집트 국민이여, 깨어나라!'라고 외칠 때 시위대 대부분은 그의 존재조차 까맣게 모르고 있었다. 그렇다면 고님보다 고님의 메아리에 전염된 셈인데 그 메아리가 워낙에 강력했던 덕분에, 이집트 국민은 반대 논리와 두려움을 이기고 목숨을 걸고라도 변화를 일구어내겠다는 쪽을 선택했다. 이로써 알 수 있는 사실은 롤모델은 영향력이 강하지만 우리는 종종 어떤 대상을 본받고 있는지조차 모를 때가 있다는 것이다. 이는 매혹적인 사실이지만 동시에 두렵기도 하다. 우리 행동이 타인에 의한 것이라는 얘기가 아닌가. 점화단서가 우리를 움직이게 하려면 그 행동이 이미 우리 본성에 속해 있어야 한다. 골비처의 말이지만 그 말을 장담하기엔 아직 이르다.

호화로운 파티는 끝났다. 하지만 고님의 이야기는 머릿속에 남아 있었다. 나는 기록보관소에 돌아가 점화단서가 이방인들을 자극해 폭력을 유발한 사례 두 가지를 찾아냈다. 심리학자 프리츠 레들Fritz Redl은 초기 행동연구에서 청소년 캠프의 말썽꾸러기들이 서로 음식물을 던지며 싸운 사건을 언급했다. 아이들 10여 명이 무거운 플라스틱 쟁반들을 마구 던지기 시작한 것이다. 아이들은 굴러다니는 접시 위로 깡충거리며 뛰어다니거나 몸을 웅크려 쟁반과 마구잡이식 무기를 피해 다녔다. 그런데 싸움이 어떻게 일어났는지 따라가보면 그 시작점에는 분명 선동자가 있었다. 사소한 악행 하나가 발단이 되어 조화가 깨지고 80명의 아이들이 싸움질을 시작한 것이다.

《뉴욕포스트》는 스포츠클럽 회원 몇 명이 논쟁에 휘말린 일화를 찾아냈다. 그다지 자세히 다루지는 않았으나 증언에 따르면 원흉은 한 여성이었다. 감정이 끼어들고 갈등이 고조된다. 마침내 대화가 통하지 않게 되자 누군가 상대에게 주먹을 날린다. 주먹은 턱에 작렬하고 분위기가 험악해진다. 세로토닌 수치가 떨어지고 분노가 치명적인 전류가 되어 장내를 휘젓는다. 그리하여 전전두엽피질 회로가 파괴되고 도덕적 판단은 갈 길을 잃는다. 감정 조절 능력에 부하가 걸리며 마침내 폭력 충동이 폭발한다. 논쟁은 말 그대로 물건너가고 회원들이 한데 엉켜 패싸움을 벌인다. 마침내 경찰이 진입해 스포츠클럽 운영진 셋을 체포했고 구급차가 회원들을 병원으로 실어 갔다. 코가 부러지고 눈구멍이 깨진 것이다.

주먹이 난무하고 접시가 날아다닌 이 두 건의 사례는 행동전염, 즉 일종의 무의식적 소통이 어떤 영향을 미치는지 보여준다. 앞서 마크 미칼이 얘기한 조어는 사람들 사이에 뿌리를 내린 뒤 사회 영향력을 먹고 꽃을 피운다. 두 개의 이야기에서 세 가지가 인상 깊었다. 레들이 관찰한 바에 의하면 행동전염을 유도한 사람, 즉 롤모델은 공동체 문화에서 자신이 어떤 입지에 있고 사람들이 자신을 어떻게 영웅시하는지 대체로 깨닫지 못한다. 사회학자 마크 그래노베터^{Mark Granovetter}는 그런 사람들은 대체로 쉽게 납득하는 사람들이라고 얘기한다. 말인즉슨 별다른 자극이 없어도 쉽게 행동을 개시한다는 뜻이다. 고님은 이 범주에 속한다. 제일 먼저 주먹을 날린 스포츠클럽 회원도 접시를 프리스비처럼 날리며 음식 전쟁을 벌인 아이도 마찬가지다.

두 번째로 충격적이라면 선도자는 그렇다 치고 행동전염에 감염된 사람들 역시 누가 상황을 조종하는지 모른다는 사실이다. 최초의 선도자는 접시를 던지고 주먹을 날리기까지 누구의 눈치도 볼 필요가 없다. 하지만 두 번째 개입자의 문지방은 조금 더 높다. 따라서 누군가 먼저 뛰어들어야 그 뒤를 따라 싸움을 벌였을 것이다. 영향은 그렇게 사슬처럼 이어지므로 마지막으로 쌈박질에 뛰어든 이의 문턱이 제일 높을 수밖에 없다. 무의식적 행동의 영향력은 최초 선도자보다 주변 사람들과 훨씬 더 관계가 깊다.

마지막이 제일 중요할 수도 있겠다. 선도자는 용기와 야심을 전파하기도 하지만 잠재적으로 나쁜 행동을 퍼뜨릴 가능성이 있다. 파티에서 고님이 해준 이야기에 따르면 혁명은 평화롭게 끝났으나 실리콘밸리로 돌아온 후 이집트 정세는 다시 혼란 상태로 돌아갔다. 고님은 가슴이 찢기는 기분으로 그 과정을 지켜보았다. 선도자들은 사람들을 평화혁명이나 용기의 길로 이끌 수 있지만 동시에 폭력의 사회전염에 불을 붙일 수도 있다. 폭력은 인간 행동 역사상 가장 전염성이 강한 전염병이기 때문이다.

그 바람에 처음에 했던 걱정이 다시 떠올랐다. 개인의 행동이 개인의 의지가 아닐 수 있다면 선도자는 사람들에게 영향을 미쳐 타인들까지 폭력적으로 만들 수 있다. 이는 최근 몇 년간 고민해온 문제이기도 하다. 특히 교내 총기 난사 같은 폭력적 일화들이 미국 전역으로 퍼져나가기 때문에 사람들은 이런 사건들이 실제로 얼마나 전염성이 강한지 자문하게 될 것이다. 미국에서는 한 달에 한 번꼴로 교내 총기 난사가 발생한다. 나는 나약한 사람들이 유해한 생각과 행동에 얼마나 쉽게 전염되는지 곰곰이 생각해보았다. 말인즉슨, 이제야 그 패턴을 이해하고 전국에서 이상한 전염이 얼마나 분명하게 드러나는지 보기 시작한 것이다.

이런 식으로 생각의 실마리를 쫓아가면서 계산역학자 셰리 타워스Sherry Towers의 논문을 끄집어냈다. 타워스의 주전공은 전염 모델링Contagion Modeling이다. 타워스는 지금까지 일어난 교내 총기 난사 사건을 도표로 만들면서 그 사건들 또한 사회전염 법칙에 종속된다는 사실을 깨달았다. 주먹다짐이나 음식 전쟁과 다를 바 없다는 뜻이다. 타워스의 계산에 따르면 교내 총기 난사의 20~30퍼센트가 한 범인이 다른 범인을 자극한 결과였다. 가해자들은 의식적으로든 무의식적으로든 참사에 필요한 생각과 행동과 감정을 이어받는다. 그것들을 전염시킨 주체는 선도자 한 명이 아니라 세간의 이목을 끄는 대형 사건이다.

와튼스쿨과 뉴욕대학, 실리콘밸리 파티에서 연구의 소용돌이를 거치면서 나는 비로소 팰로앨토의 이상한 전염을 치료하기 위한 중요한 단서 하나를 찾아냈다.

타워스의 총기 난사 논문을 읽은 후, 조금 색다른 연구에 눈을 돌리게 되었다. 주로 폭력의 사회전염을 밝히고 어떻게 접근할지를 다룬 분야인데, 나는 파란색 펜으로 누군가의 이름에 동그라미를 그렸다. 누군가 정말로 효과적인 치료법을 개발할 수 있다면 그 사람이야말로 우리가 자초한 폭력을 끝내도록 이끌어줄 것이다.

치유 모델을 좇아서

팰로앨토에서 다섯 학생이 죽은 이후, 통근 철도를 적어도 다섯 곳은 이용했다. 메트로노스 철도, 롱아일랜드 철도, 메트로, 암트랙, 칼트레인. 그리고 지금 시카고행 열차를 탔다.

도시 동쪽으로 달려가면서 머릿속으로 기차를 분류해보았다. 각 철도의 특색을 떠올려보면 각기 분위기와 노하우를 제공하는 방식에 차이가 있었다. 객차 바닥이 카펫인지 리놀륨인지에 따라 발소리도 달랐다. 2층열차의 경우 2층을 찾아내는 스릴이 있었다. '우리 모두 함께 있다'라는 식의 동료 의식은 단층열차 승객들에게서만 나타난다. 식당칸에서 점심을 먹고 5달러를 지불하기도 하는데 어떤 열차는 아예 커피를 제공하지 않는다. 객차 방송이 쾌활한 기차가 있는가 하면 이것저것 다 귀찮은지 말을 맺기도 전에 객차 방송을 꺼버리는 경우도 있었다.

어렸을 때에는 기차를 타고 싶었으나 기회가 많지는 않았다. 객차가 쏜살같이 달려갈 때면 통로에서 균형을 잡으며 즐거워했다. 기차는 정거장에 서 있다가도 순식간에 속도를 내어 달렸다. 주마등처럼 창밖을 스쳐가는 풍경을 보는 것도 좋았다. 속도가 빠르면 세상이 달리 보인다. 세세한 장면에서 눈을 떼면 진짜 풍경이 눈에 들어온다. 기차가 빨리 달릴수록 그림 전체에 시선이 가기 때문이다.

하지만 기차의 추억도 옛말이다. 이젠 오히려 우울해진다. 맞은편 좌석에 앉은 한 남자가 신문을 읽고 있다. 얼굴은 신문에 가려 보이지 않는다. 남자 앞에는 고양이 티셔츠에 찢어진 바지를 입고 더러운 샌들을 신은 청년이 랩톱컴퓨터를 두드려댔다. 몇 줄 건너의 소녀 둘은 프루트펀치를 마시고 있다. 이 속도에서 기차가 급정거하면 어떤 일이 벌어질까? 기분은 또 어떨까? 승객들은 그 충격으로 일상의 트랙에서 튕겨 나가고 말겠지? 기차 앞 선로에 누군가 서 있다가 기차에 부딪히면 우리도 그 충격을 느낄까? 창밖으로 뭔가 보이기는 할까? 우리가 객차에서 내리기 전에 승무원들은 갈기갈기 찢긴 시체를 숨길 수 있을까? 그 참혹한 그림이 평생 우리를 따라다니며 괴롭힐까?

기차에서 이런 생각들을 하다가 이상한 전염의 요소들을

되새겨보았다. 지난 2년간 구분하게 된 요소는 다음과 같다. 히스테리, 직업윤리, 탐욕, 두려움이라는 이름의 자기실현적 예언, 요소 자체의 반작용과 내재된 문제들. 더욱이 점화단서들도 너무 많아 전체적인 범주화 자체가 현실적으로 불가능하다. 시카고에 가면 뭔가 다른 방향, 이른바 포괄적인 해결책을 찾아볼 참이다. 셰리 타워스의 총기 난사 연구 덕분에 특정한 뼈대를 설계할 방법이 열렸다고 믿을 이유도 있다. 게리 슬럿킨이 이 방식을 도입했다.

슬럿킨은 젊은 역학자다. 그는 '불가시영역The Invisible'에 푹 빠져 있었다. 이른바 인간의 가시권을 완전히 초월한, 전염성 질환이 존재하고 사회전염이 확산하는 영역이다. 전염성 질환 관리 전문가로서 슬럿킨이 이름을 알린 것도 바로 그 영역 덕분이다. 그는 1980년대 초반 샌프란시스코의 결핵 확산을 막으면서 불가시영역을 발견했다. 소말리아 피난민 마을에서도 콜레라 확산을 막기 위해 불가시영역과 싸웠다. 그 후로도 불가시영역을 길들이기 위해 노력했으며 통제할 수 없다는 걸 알고 난 뒤엔 지역봉사 활동가들을 서로 연결하면서 불가시영역과 공존하는 법을 모색했다. 새로운 질병의 증세가 나타났을 때 팀이 정보를 습득할 수 있도록 조처한 것이다. 슬럿킨은 정보망을 이용해 사람들을 설득해 치료를 받게 했다. 시신 처리 방법을 바꾸고 물을 정화하고 아이들이 정화된 물을 마실 수 있게 했으며 병자들을 격리했다. 가난, 자원 부족, 미신, 부패한 정치 등의 환경 속에서 그런 식의 행동 변화가 없었다면 콜레라 박멸은 영원히 불가능했을 것이다. 성공은 늘 더디고 장벽은 높았다. 그렇게 현장에서 10년을 보낸 후에야 그는 미국으로 돌아왔다.

그의 이야기를 듣기 위해 시카고 일리노이대학에 있는 그의 연구소에 가기로 했다. 공중보건대학까지는 시카고행 열차를 탔다. 승강기에서 내리자 작은 타일이 깔린 복도에 녹색 로커가 즐비했다. 그래도 피터 골비처의 동기부여연구소보다는 친근해 보였다. 창문과 안내실도 많고 통로 조명도 밝았다. 슬럿킨도 표정과 느낌 모두 편안해 보였다. 양어깨는 튼튼했고 배려가 몸에 밴 사람 같았다. 심지어 눈에도 상냥함이 가득했다. 오전 10시, 교수는 벌써부터 군청색 셔츠 소매를 팔꿈치까지 말아 올렸다. 책상 뒤 창턱에는 소형 유엔기가 서 있었고 창밖으로 갈회색의 지평선이 보였다. 사실 이곳은 뉴욕이나 로스앤젤레스 같은 대도시보다 살인율이 높다. 무장 강도, 조직폭력, 가중 폭행, 강간 등의 사건들도 미국의 다른 도시보다 시계가 빨리 돌아간다. "귀국했을 때 시카고는 물론이고 전국적으로 폭력 문제가 심각하더군요." 그의 말에 따르면 폭력에는 낯익은 패턴이 있다. 개인에서 개인으로, 마을에서 마을로 전파된다는 것이다. "폭력은 박테리아만큼이나 전염성이 큽니다."

전자현미경으로 보면 세균들은 주변 세균과 유사한 형태, 색깔, 화학적 특성을 채택하며 동일한 방식으로 먹고 싸고 증식한다. 폭력 패턴을 들여다볼수록 사람들의 행동이 박테리아 세계와 비슷하게 반응한다는 뜻이다.

비슷한 점은 그뿐만이 아니다. 예를 들어 전염병과 사회 전염을 박멸하는 데 가장 어려운 장애는 무엇보다 전염 그 자체다. 콜레라가 더 많은 콜레라를 낳듯이 폭력을 낳는 것도 결국 폭력이다. 영역 싸움이든 남북전쟁이든, 침략이 연료가 되어야만 행위를 더 많이 퍼뜨리는 것이다. 공동체의 폭력에 노출될 경우 개인이 가정 폭력을 행사할 가능성이 커지고 가정 폭력에 노출되면 개인이 공동체에서 폭력적으로 행동하는 경향이 증가한다. "우리는 자연과 별개의 존재가 아닙니다. 우리가 바로 자연이죠. 행동은 박테리아 번식과 같은 방식으로 전염됩니다. 진화를 이어갈 가장 효과적인 방법이니까요. 세대를 거쳐 습득한 습성이잖아요. 당연히 전달하려면 유인하고 복제하고 모방하는 것이 가장 쉽겠죠. 그런데 그 어느 것도 의식적이지 않아요. 개인으로서나 종으로서 스스로가 행동을 결정하고 있다고 여깁니다만, 그러기엔 세상이 너무 복잡합니다. 뇌기능만 해도 신경세포가 1,000억 개에 회로가 100조 개 운운하지만, 모두가 우리 의식 너머에서 불을 지핀답니다."

바로 불가시영역 얘기다.

불가시영역은 전염 수단이자 확산 과정이다. 이상한 전염의 복잡한 양상을 탐색할 때, 우리가 관점을 수정하고 상황에 대처하고 확산 속도를 늦추고 현상을 하나하나 분석할 수 있다면 비로소 등장하는 패턴이기도 하다.

슬럿킨은 아프리카 대륙을 가로지르며 몇 년간 불가시영역을 추적한 끝에 의료 모델을 수립하고 유행성 질환과 싸울 수 있었다. 병해방제와 행동 변화 수단을 모두 고려한 덕분에 마침내 폭력치유^{Cure Violence}의 구조를 기획하기도 했다. 아프리카에서는 지역감시자 네트워크를 결성하고 콜레라나 결핵 증세에 대비하는 동시에, 폭력치유 프로그램을 활용해 지역의 사회복지사, 전직 조직원, 마을 유력 인사들로 국지적 네트워크를 만들어냈다.

슬럿킨은 이들 네트워크를 단속단^{Interruptors}이라고 불렀다. 단속단은 전염의 확산을 막고 발산을 저지하고 통로를 끊었다. 나는 슬럿킨에게 어떻게 단속단이 되는지 물었다. "폭력 사건이 어떻게 번지는지, 확산 징후를 어떻게 알아보는지, 어떻게 대처해야 확산을 막는지 사람들한테 설명해주면 됩니다." 그의 대답이었다.

폭력의 징후가 보이면 단속단이 부채꼴 모양의 핫존^{Hot Zone}으로 퍼져나간다. 슬럿킨은 과거에는 감염자들에게 의약을 투여했지만, 단속반은 즉시 사회적이면서 교육적으로 현장에 개입해 보복성 공격^{Retaliatory Aggression}의 확산을 차단한다. 병원으로 달려가 피해자를 돕고 갈등이 심해지기 전에 친구나 가족 등 지인을 찾아가 중재 역할을 하고 흥분을 가라앉힌다.

슬럿킨은 랩톱컴퓨터를 내 쪽으로 돌리더니 통계가 가득한 화면을 보여줬다. 볼티모어에서 폭력치유를 시행한 후 살인 사건이 56퍼센트, 총기 사고가 44퍼센트나 줄었다. 프로그램에 참여한 사람들 중에서는 총기 사용에 반대하는 비율이 네 배 정도 높았다. 뉴욕에서도 가장 폭력적인 동네에 적용했을 때 총기 사고 비율은 매달 6퍼센트까지 줄었고 푸에르토리코의 총기 사고 사망률도 50퍼센트에 그쳤다. 영국 마을에 참여한 결과 조직 폭력은 95퍼센트 감소했다. 시카고에서 폭력치유 모델을 채택한 공동체 중 절반 이상에서, 보복 살인이 100퍼센트 가까이 줄어들었다. 어느 지역이든 프로그램 덕분에 파출소, 의사, 사회복지사, 교사들을 중심으로 사회기반시설을 구축할 수 있었다. 폭력치유 조직이란 물론 단속단을 뜻하며 사건 징후들을 감지하도록 훈련을 받는다. 동시에 폭력과 맞서는 훈련도 받고 적절한 자원을 활용하는 능력도 갖추게 된다. 슬럿킨의 전제는 단순하지만 또 그만큼 중요하다. 사회전염이 어떻게 작용하고, 왜 확산하는지 설명하는 것만으로도 폭력치유 모델은 공동체의 통제력을 회복해주었다. 사회전염이 우리의 생각과 행동과 감정에 어떻게 영향을 주는지 이해하기만 해도, 사람들은 스스로 단속단이 되어 자신의 운명을 더 잘 주도하고 결정할 것이다.

"우리는 보이지 않는 것을 보이게 만들죠." 그의 말이다.

나는 잠깐 생각을 정리해보았다. 슬럿킨의 말대로라면 단속단을 집중 훈련하고 조직화하며 폭력 징후를 감지하고 처리한다. 그렇다면 만연한 사회전염도 효과적으로 예방할 수 있다. 불가시영역과 공조하던 시대는 끝나고 지금은 오히려 폭로에 나서는 셈이다. 불가시영역이 어떻게, 왜 움직이는지 그리고 궁극적으로는 어떻게 막을 것인지 사람들을 가르치기 위해서다. 셰리 타워스도 나름의 방식으로 불가시영역을 드러내고자 했다. 타워스는 사회전염을 분류했고 슬럿킨은 치유법을 알아냈다.

　잠깐 정리해보자. 전염, 치유, 불가시영역의 노출……. 솔직히 욕심으로는 치유가 가능하다는 슬럿킨의 가설을 전적으로 믿고 싶었다. 우리의 각성이야말로 궁극적으로 사회전염 요인을 막을 가장 효과적이고 강력한 무기일 것이다. 지금까지 조사했을 때 슬럿킨의 접근법이 가장 논리적인 귀결일지도 모르겠다. 하지만 내가 아는 한 이상한 전염의 속성에는 여전히 아쉬운 부분이 남아 있다. 어떻게 확산 의지만으로 전염이 가능할까? 사회전염은 각성 수준에 따라 확산 정도가 달라진다. 심지어 무의식적 차원에서도 그렇다. 제럴드 러셀과 앤 E. 베커는 폭식증의 경우 인지가 얼마나 유해한지 강조했다. 심지어 친사회적 매체가 캠페인을 벌이고 치유법을 전파해도 그 행위 자체가 사람들을 집단 질환으로 이끌 수 있다. 하지만 인지를 평형추Counterbalance로 여기는 사람들도 있다. 특히 사실을 활용해 히스테리를 비롯한 두려움 기반의 전염을 꺾으려 할 때가 그렇다. 슬럿킨의 모델이 강력해서 기대감의 노시보효과를 극복한다면 사실이 미신이나 신화, 거짓신앙을 대체하고 자기 충족적 예언을 실현하지 못할 이유가 어디에 있다는 말인가.

　"실리콘밸리 얘기 좀 해볼까요? 박사님의 모델을 팰로앨토의 전염 사건에 적용할 수 있겠습니까?" 내가 물었다.

　그러고 보니 나도 모르게 슬럿킨을 빤히 쳐다본 모양이

다. 마치 당장 실마리를 내놓으라며 눈빛으로 목을 조르는 모양새였다. 그런데 그의 눈은 자신감으로 반짝였다.

"실리콘밸리는 이미 적용 단계입니다."

폭력을 막을 수 있다면

이웃 동네 팰로앨토와 이스트팰로앨토는 대학로를 통해 서로 이어지고 실리콘밸리의 출입구 격인 주간도로로 나뉜다. 거리도 가깝고 이름도 비슷하지만 두 마을은 서로 달라도 너무 다르다. 팰로앨토는 카운티에서 가장 부유한 동네에 속한다. 주간도로 남쪽의 대학로는 별장과 나무 그늘의 인도, 첨단기업들이 점령한 호텔, 최고급 상점과 식당들이 즐비하다. 그곳은 기본적으로 바깥세상에 근대를 실어나르는 광섬유라고 할 수 있다. 대학로를 따라 서쪽으로 가면 실리콘밸리의 심장에 다다른다. 세계 최고 부호 10인의 저택이 있는 곳이며 연쇄자살이 발생했을 당시 평균 가계소득이 연간 12만 달러에 달하는 곳이다.

주간도로 반대편으로 가면 대학로는 비법인지구인 이스트팰로앨토로 향한다. 이곳은 혁신이 가져다준 부촌도 있지만 그 외에는 혁신과 완전히 무관하다. 닷컴 버블에도 재산 가치는 동면하고 평균 가계소득도 연간 4만 5,000달러 수준에서 올라서지 못했으며 빈곤층도 22퍼센트가 넘었다. 이스트팰로앨토는 폭력 범죄와 조직폭력 활동 비율이 높기로도 유명하다. 폭력 사건이 매년 200건 이상 발생하는데 이웃 동네 팰로앨토는 그 5분의 1에 불과하다.

동네 사이의 거리라고 해봐야 주간도로 8차선에 불과한데 폭력은 왜 이웃 동네 팰로앨토에 침투하지 못하는 걸까? 그렇다고 팰로앨토가 폭력의 사회전염에 면역된 것도 아니다. 1995년, 911에 총성 신고가 접수되었다. 10대들이 채닝 애비뉴에 모여 싸움을 벌인 것이다. 팰로앨토 자체의 조직폭력 문제는 없지만 이 사건 하나로 팰로앨토 사람들이 걱정하기 시작했다. 드디어 이스트팰로앨토의 문제가 주간도로를 뛰어넘어 이 고요한 마을까지 번진 것이 아닌가! 정작 경찰은 대수롭지 않게 여겼다. 조직폭력 문제가 아니라 아니라 팰로앨토 지역의 몇몇 학교 일진 10여 명이 시비가 붙었을 뿐이다. 그중 한 명이 《팰로앨토위클리》와 인터뷰를 했다. "저를 포함해 친구들이 가고 싶은 곳은 주립대학이지 주립교도소는 아닙니다." 팰로앨토는 소위 학교 일진들도 4년제 대학에 다니기를 갈망한다.

이 사건 하나 때문에 팰로앨토 시의회는 통행금지를 발표했고 조직폭력 대응팀까지 꾸렸다. 어느 경관의 말마따나, 폭력 행위도 거의 없었고 있다 해도 우발적인 곳이 아닌가. 반면에 이스트팰로앨토는 여전히 조직폭력 행위의 중심지이며 마약 거래와 살인이 빈번하게 일어났다. 어쩌면 팰로앨토가 과잉 반응했을 수도 있다. 그 바람에 부자나 엘리트처럼 현실 세계는 나 몰라라 하는 일부 특권층의 명성만 높여주었을 수도 있다. 하지만 그 지역의 사회경제학적·문화적 데이터를 들여다보면 제3의 해석도 가능하다. 폭력의 경우 팰로앨토는 관용의 문턱이 아주 낮은 반면 이스트팰로앨토는 그 문턱이 훨씬 더 높다.

미국의 교내 총기 사건에서 셰리 타워스가 본 것도 관용의 문턱 효과였다. 예를 들어 왜 이웃나라 캐나다에서는 총기 사건이 발생하지 않을까? 캐나다의 경우 총기 난사 비율이 10만 명 당 0.01명 정도에 불과하다. 1인당 정신병 비율은 양국이 상대적으로 비슷하고 동일 매체에의 노출도도 둘 다 심하다. 총기 소지 권리도 동일하나 캐나다에서는 기본적으로 자기방어의 목적보다는 대부분 사냥 목적으로 총기를 소지한다. 타워스의 결론에 따르면 한 문화권에서 관용의 문턱은 총기 사건의 확산을 규제할 때 가장 중요한 요소에 속한다. 1989년 캐나다 몬트리올대학에서 최악의 대량 살상 사건이 발생했고 대학생 열네 명이 목숨을 잃었다. 국가적 참사였다. 그 후 캐나다 당국은 총기 문화를 완전히 재검토해 총기규제법을 크게 강화하였다. 캐나다의 교내 총기 사고의 문턱이 미국보다 훨씬 낮다는 얘기다. 물론 미국의 총기 사고 관련 사망률은 그 어느 선진국보다도 훨씬 높다.

캐나다와 마찬가지로 팰로앨토는 폭력의 관용 문턱이 특히 낮다. 폭력은 발생하는 순간 재빨리 끝나고 만다. 팰로앨토가 수십 년간 착취하고 차별한 결과가 바로 이스트팰로앨토다. 역설적으로 이스트팰로앨토의 폭력의 관용 문턱을 크게 높여놓은 것이다. 1950년대 이스트팰로앨토는 침체에 빠진 농업 사회를 값싼 주택단지로 바꾸었다. 주변 부촌에서는 노동력을 빼앗아갔고 고속도로 확장으로 44개 주요 산업이 빠져나갔다. 팰로앨토는 이스트팰로앨토의 4분의 1 가까이를 합병하면서 재산세를 갈취하고 동시에 제세공과금을 부가했다. 범죄율은 치솟았고 중산층은 달아났다. 당연한 얘기다. 교육 기회는 적고 빈곤율은 높은 지역이 아닌가. 결국 이런 식으로 사회 전염 확산에 완벽한 환경을 만들어냈고 결과적으로 폭력 관용의 문턱을 높여놓았다.

이스트팰로앨토는 폭력치유 모델을 채택하고 폭력 단속단을 훈련하면서 갈등을 찾아내 줄이도록 했다. 경찰과 봉사 활동가들이 이 취약 지구의 거점에 침투했다. 건달들의 아지트를 공공장소로 개조해 파워워킹이나 에어로빅댄스 같은 체력단련 프로그램이나 명상그룹을 유치하고 시민들이 서로 어울려 지내도록 유도했다. 1년 후 이스트팰로앨토의 총기 사고는 60퍼센트까지 줄었다.

이야기를 마친 후 슬럿킨이 랩톱컴퓨터의 스크린을 닫았다. 나는 다시 그를 보면서 다음 질문을 생각했다. 아직은 가설에 불과한 데다 그의 전문 영역이라고 할 수도 없겠지만, 그래도 물어야 했다. 분명 퍼즐 조각을 손에 들고 (퍼즐 조각은 늘 손에 있었다) 이스트팰로앨토의 빈 곳을 찾고 있기 때문이다. 다만 그 사실을 대부분이 모르고 있을 뿐이다.

"폭력치유 모델이 사회전염 하나를 막는다면 그 모델을 개조해 다른 전염을 막는 것도 가능할까요?"

"폭력치유 스타일의 시스템을 구축해 치료 지원에 나서는 겁니다. 그럼 공격성과 야만성 말고도 이런저런 사회전염을 막을 수 있지 않겠습니까?"

폭력치유는 분명 의미가 있다. 하지만 그 시스템을 빌려 다양한 사회전염의 폭풍(두려움, 히스테리, 유독성의 직업의식, 탐욕 그리고 그 모두를 촉발하는 점화단서들)을 막는 일은 완전히 별개의 문제이며 규모와 차원 자체가 다르다. 사람들을 교육해서 단속단으로 만든다고? 그럼 적어도 대여섯 개의 전염 징후와 증후군을 구분해야 한다. 당연히 엄청난 사업이다. 도대체 시행이 가능하기는 할까?

"가능할까요?" 내가 물었다.

그 질문에 그도 관심을 드러냈다. 그는 이론적으로 문제에 접근했다. "폭력치유 모델을 확장하고 개조해 팰로앨토의 이상한 전염에 적용할 수 있겠냐고요?" 그는 고개를 갸웃하더니 결의라도 다지듯 입을 굳게 다물었다. 가설을 가늠하는 능력은 특별한 기술이다. 사실과 갈망이 이율배반적으로 얽혀 있기 때문이다. 하지만 너무나 고맙게도 슬럿킨은 내 주제넘은 질문을 너그럽게 받아들였다. 두 눈도 이해심으로 반짝였다.

"이론상의 시스템을 구축하려면 우선 전염성 생각과 행동과 감정을 주제로 대화할 수 있어야 합니다. 대화에 필요한 언어가 필요하다는 뜻이죠." 그의 말이다. 위기에 처한 사람들의 주변인들은 그들이 마음속 깊은 얘기를 할 수 있도록 설득하고 배출구를 마련해주어야 한다. 정신건강을 위한 자원들을 능숙하게 다루도록 공동체를 교육하고 의료원과 병원의 침대를 늘리고 정책 입안자들을 다그쳐 외래환자용 보험 환급률을 조정해야 한다. 동시에 정신건강 전문가, 특히 자살 위험 평가·대처 전문가 숫자도 늘려야 한다.

우리는 교사, 학생, 학교 관리자들을 훈련해 단속단으로 만들 것이다. 단속단은 사건이 일어나면 사회전염의 위험 징후를 감지하고 참사로 이어지기 전에 연결고리를 끊을 것이다. 계획이 성공하려면 말 그대로 관계자 모두가 불가시영역의 감시자가 되어야 한다. 단속단을 많이 확보하는 자체가 일종의 사회전염이 된다. 우리는 저명인사들을 교육하고 점화단서, 몸짓언어, 풍부한 밈를 통해 단속단의 전염을 확산할 것이다. 리처드 도킨스의 말처럼 "마음에 기생해" 그 마음을 매개 전파로 바꿔놓을 것이다. 그 덕분에 다른 사람들도 경계, 활력, 인내의 사회전염에 감염되고 행동 의지를 물려받을 것이다. 사람들이 서로를 배려할수록 이상한 전염을 봉쇄할 가능성도 더 커지게 된다.

폭력치유 모델을 도입해 어느 정도 성공한 지역이 있다는 사실은, 내가 보기에 이미 이런 종류의 치료에 익숙하다는 뜻이다. 그리고 슬럿킨 박사 덕분에 불가시영역을 보기 시작했으므로 그 모델을 확장해 사회전염에 적용하는 계획 또한 가설만이라고 할 수는 없다. 내가 보기에도 시스템은 이미 구축되기 시작했다. 학교는 정신건강 전문가들을 불러들이고 스탠퍼드대학 심리학자들은 매체를 구슬려 말조심을 시킨다. 팰로앨토는 해결책을 찾기 위해 상설 심포지엄을 개최하였다. 학교와 지역사회 역시 교육실습을 두고 투표를 제안했다. 핵심은 바로 그 방식에 있다. 어쩌면 그 덕분에 앞으로 누군가 자살했다는 소식을 듣지 않아도 될지 누가 알겠는가. 시스템은 아직 불안하고 불확실하지만 꾸준히 진행하고 있다. 이곳의 유일한 가설이라면 단속단들이 태풍을 제대로 막아서고 있다는 사실뿐이다.

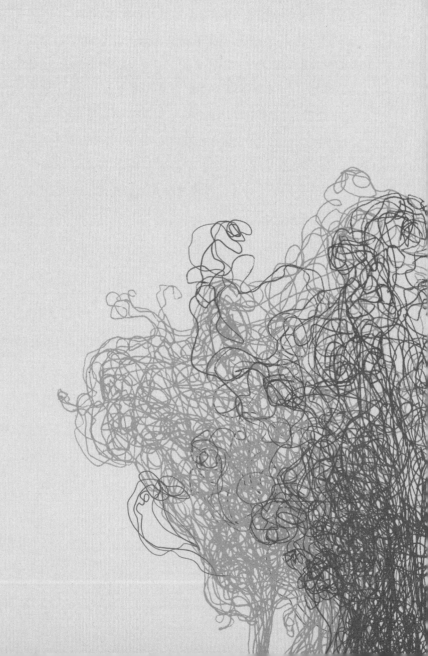

6부

침입자

"지성知性이라고 자부심만 있나? 어리석음은 어쩌고?
게다가 정직하지도 않잖아. 그래, 지성은 새빨간 거짓말쟁이.
옳다구나! 거짓말쟁이에 사기꾼."

레프 톨스토이Lev Nikolayevich Tolstoy

불가능한 목표

2012년 여름, 친구들이 팰로앨토를 떠나기 시작했다. 첫 번째 가족은 두 딸이 다섯 살도 되지 않았다. 남편은 대안초등학교 교장이고 아내는 스탠퍼드병원 간호사였는데, 남편이 센트럴밸리의 학교에 자리를 얻으면서 그해 가을 인사도 없이 떠나버렸다.

두 번째 가족도 어린아이가 둘이었는데 그들은 팰로앨토 남쪽 30킬로미터 외곽에 있는 작은 방갈로를 구입했다. 다른 가족은 이스라엘로 귀향했고 친하게 지냈던 4인 가족은 애리조나로 이사했다. 세 집 건너에 살던 이웃은 어린아이들을 데리고 바다 건너 버클리로 떠났다. 구글 보육센터 교사는 트럭에 이삿짐을 싣고 약혼자와 함께 미드웨스트로 떠났다. 아직 결혼도 하기 전이었다.

떠나는 이유는 제각각이었다. 직장을 옮기는 경우도 있고 비싼 생활비를 견디지 못한 경우도 있었다. 하지만 좀 더 캐어 들어가면 이유는 하나, 실리콘밸리에서 아이들을 키우고 싶지 않다고 했다. 그리고 2년이 지났다. 그 이후 기차에 뛰어든 아이는 없지만 그래도 사람들은 크게 달라지지 않았다. 연쇄자살의 기억은 여전히 생생했다. 기억보다 중요한 얘기도 있다. 사람들은 이미 상처받은 뒤였다. 또다시 누군가 죽을지도 모른다는 두려움이 뇌리를 떠나지 않았다. 삶은 평온을 되찾았으나 그 평온이 얼마나 가볍게 망가지고 순식간에 혼란에 빠지는지 모르는 사람은 아무도 없었다. 금간 도자기는 볼펜 끝으로 살짝만 건드려도 허망하게 무너져내리고 만다. 숨을 들이마시면 내쉬어야 하지만 팰로앨토는 30개월 동안 폐 속의 공기를 아직 아무도 내놓지 못했다. 시간도 거리도 마을의 긴장을 풀어주지는 못했다. 우리는 여전히 다시는 참사가 없으리라는 보장을 기다리고 있으며 또 앞으로도 계속 기다릴 것이다. 다섯 명의 어린 영혼은 이 찬란한 도시가 내포한 수많은 갈등의 상징이 되었다. 동시에 바로 이 갈등이 애초에 아이들의 목숨을 앗아갔다고 믿기도 한다. 까놓고 말해서 우리가 안전하다고 어떻게 자신한단 말인가. 소 잃고 외양간 고치는 격이라 해도 어떻게든 확인해야 할 문제다.

사실 아직도 궁금한 게 많다. 2년 전에 일어난 이상한 전염 사건에는 또 어떤 내막이 있었을까? 당시 상황은 여전히 오리무중이다. 사건을 완전히 이해하지 못하면 다시 발생할 위험도 있다. 비밀이 모두 밝혀질 때까지 조사는 계속되어야 한다. 이상한 전염 사건은 부분들의 합이지만 동시에 그보다 크다. 이번 탐사로 내가 배운 것이 있다면 개인의 사회전염은 우리의 일상생활에 영향을 준다는 사실이다. 이런 식의 사회전염이 존재하는 한, 우리 머리 위로 폭풍이 휘몰아칠 가능성은 언제나 존재한다. 친구들은 떠났지만 적어도 우리는 이곳에 남아 저도 모르게 이런 걱정을 하고 있지 않는가.

공동체가 해체되고 사람들이 마을을 떠나는 문제도 점점 심각해졌다. 아내와 나는 친구들이 이사하려는 이유가 안전 때문임을 알게 되었다. 노린 리킨스는 건고등학교 교장이었으나 다섯 아이의 자살 직후 은퇴하였다. 그런데 알고 보니 그녀는 산타크루스의 집에서 학교까지 무려 130킬로미터 거리를 출퇴근하고 있었다. 그녀가 실리콘밸리 밖에서 살던 때를 회고하며 이렇게 말했다. "17번 고속도로 꼭대기에서 내려가기 시작할 때면 묘하게 안도감이 밀려와요. 이제 끝났구나 하는 기분 아시죠? 재임 시절에 정말 그 기분 덕분에 미치지 않았는지도 모르겠어요. 이제 집에 갈 수 있어, 짐을 내려놓을 수 있어, 하는 기분 말이에요."

떠나는 사람이 있다면 들어오려는 사람도 얼마든지 있다. 실리콘밸리가 주는 혜택을 누리고 자신의 바람대로 공동체를 꾸미려는 사람들이다. 아름다운 자연 풍광과 야심가들 그리고 자금이 넘쳐나는 문화까지, 캘리포니아의 어느 지역보다 이곳이 고속 성장하는 이유는 얼마든지 있다.

프린스턴·예일·코넬·컬럼비아·애머스트의 이름을 따다 붙인 은행나무 거리의 이름들과 그 이름들이 상징하는 냉혹한 야심과 두려움, 그리고 죽음에 내재한 공포가 자기 창조적 성격으로 규정되거나 망가진 여타의 도시보다 특별히 더 두렵다고 할 수는 없다. 오스틴의 첨단산업 창업단지와 보스턴의 루트 128 지역도 가봤지만 그곳들도 위태롭기는 마찬가지였다. 중국은 연구와 혁신을 활성화하겠다는 명분으로 수십억의 개발비를 쏟아부었다. 나름대로 자국에 실리콘밸리를 건설하겠다는 포부가 있었다. 호주의 정책입안자들도 마찬가지였다. 미국 전역의 공동체들은 대학가를 새롭게 발명의 중심가로 바꾸려 했지만 소위 '서해의 보조개', '진보의 배꼽'이라 불리는 이 3,900제곱킬로미터의 땅덩어리에서 나오는 상품과 혁신을 따라올 수는 없었다.

비록 다른 지역들이 실리콘밸리의 마술을 흉내내지는 못했지만 《MIT 테크놀로지 리뷰》는 그보다는 그곳의 마음가짐에 주목했다. 성취욕은 실리콘밸리 특유의 화려한 첨단의 기적만큼이나 전염성이 강하다. 사람들은 이곳의 상품과 업적을 모방하려 하지만 여전히 매력적이고 자부심 강한 엘도라도 정신에는 미치지 못한다. 혁신과 사업 전략을 융합하려다 넘어지기도 하고, 개방과 아이디어 공유의 기초를 닦고 그 위에 공동체적 협동 문화를 창출하느라 진땀을 흘리기 일쑤다.

사람들은 오고 간다. 우리는 여전히 실리콘밸리의 약점에 해당하는 요인들을 고민하고 있었다. 그리고 그 약점들은 어느 가을날 아침 일어난 사건으로 만천하에 드러나고 말았다.

미국 항공우주국 나사가 우주왕복선 인데버호의 은퇴를 준비하고 있었다. 그 소식은 온라인에서 읽었다. 나사는 왕복선을 로스엔젤레스의 최종 휴식 장소로 보낼 계획인데, 궤도를 보니 바로 우리 마을 위를 지날 예정이었다.

우리는 2인승 유모차에 세 살짜리 아들과 갓난 딸을 태우고 구글 본부를 가로질러 갈색 들판으로 산책을 하러 갔다. 사람들이 많아 간신히 자리를 잡았다. 우리는 담요를 깔고 가지런히 펼친 다음 드러누워 하늘을 보았다. 주변 사람들이 북쪽에 있는 고성능 카메라를 가리켰다. 다른 사람들은 스마트폰으로 저공비행 항로를 확인했다. 약 한 시간 후, 아침 안개 사이로 검은 점이 나타났다. 점점 가까워 오자 나사의 747 개조형 비행기와 그 위에 올라탄 왕복선을 볼 수 있었다.

나는 자리에서 일어나 아들의 겨드랑이를 잡고 목마를 태워주었다. 아들의 붉은 테니스화가 가슴 근처에서 흔들렸다. 나는 손바닥으로 무릎을 잡아주었다. 비행기가 아주 낮게 나는 덕에 왕복선은 물론이고 비행기 안전판의 나사 문양까지 자세히 보였다. 아들이 비행기를 잡으려는지 하늘을 향해 두 손을 내밀었다.

그러고 보니 여기저기 사람들이 왕복선을 향해 손을 내밀고 있었다. 이 첨단공학의 마법이 우리 내면의 뭔가를 건드리기라도 한 걸까? 손을 내밀어 능력보다 더 높은 곳에 닿으려는 욕망 같은 것 말이다. 이곳 사람들은 한계에 저항하는 것을 자랑스러워한다. 저 높은 곳에 닿을 수 있다는 약속에 귀를 기울이도록 자극받고 훈련된 사람들이다. 이곳에서는 우리가 사람, 위성, 천계의 궤도를 정할 수 있다. 심지어 그들보다 더 밝은 빛을 내어 다른 사람들을 초라하게 만들 수도 있다.

목마 치료법

뉴욕에 가을이 오면 영혼이 차분해진다. 바람도 바삭거릴
정도로 상쾌하다. 유엔본부 건물을 지나는데 만국기가 퍼스
트 애비뉴 보도 위로 그림자를 드리웠다. 나는 도로를 건너 육
중한 유리문을 통과하고 유엔광장 보안국을 지나갔다. 이곳에
있는 엑스레이장치와 금속탐지기도 내 관심사인 사회전염을
감지해내지는 못한다. 보안요원이 아무리 많고 소규모 군대
정도의 무기를 소지했다 해도 사회전염을 막을 방법은 없다.

며칠 전 집에서 텔레비전 저녁 뉴스를 보았다. 때마침 인
데버호의 저공비행 소식이었다. 카메라는 구경꾼의 위치에서
나마 우주선의 생생한 모습을 제대로 보여주었다. 흡사 우리
가 그 자리에 없었거나 아니면 완전히 다른 장면을 보기라도
한 듯한 기분이었다. 텔레비전으로 보니 당시의 벅찬 감동이
다시 한 번 심장을 두드렸다. 이른바 미디어의 힘일 것이다. 미

디어에는 현실을 드러내는 동시에 강화하는 능력이 있다. 우주왕복선이 텔레비전 스크린을 가로지르는데 문득 그런 생각이 들었다. 미디어가 섭식장애나 히스테리 같은 사회전염을 전파할 수 있다면 텔레비전 매체를 이용해 효과 좋은 치유법을 도입할 수도 있지 않을까? 효율적인 치료법을 개발해 고화질의 디지털 이미지에 편승하는 것이다. 인데버호도 747 개조형 비행기에 마치 목마를 타듯이 업히지 않았던가.

맨해튼으로 돌아와 무장경비병 앞에 선 까닭도 바로 그 가설을 증명하기 위해서다. 경비병이 신분증을 검사하는데 근무에 충실하겠다는 의지가 다소 과해 보였다. "유엔광장에 오신 이유가 정확히 뭐죠?" 경비병이 물었다. 불가능한 퍼즐의 다음 조각이 이 건물 5층 어딘가에 있다고 믿어서라고 대답할까? 아니면 숀 사우디^{Sean Southey}라는 이름의 남자에게 이상한 전염에 대해 묻고 싶어 5,000킬로미터를 날아왔다고 할까? 문득 그런 생각도 했지만 정말로 그랬다가는 내가 미친 사람인 줄 알았을 것이다.

난 PCI 미디어연구소에 볼일이 있다고 대답했다. 경비병이 청색 손전등 불빛으로 신분증을 앞뒤로 돌려보고 내 얼굴과 비교한 다음 아무 표정 없이 돌려주었다. 그리고 컴퓨터 등록부에서 이름을 확인하더니 손짓으로 통과를 허락했다. 나는 금속탐지기를 통과하고 승강기 안으로 들어갔다. 경비병은 내가 원하는 층 번호까지 눌러준 다음에야 미끄러지듯 로비로 되돌아갔다. 승강기 문이 닫혔다. 이곳 사람들은 빈둥거리는 법이 없다. 나도 빈둥거리려고 이곳에 온 것은 아니다.

내가 찾는 조직은 짧은 복도 끝에 있었다. 사무실에 들어가자 편집 부스들이 가득했다. 제작자들은 조용히 컴퓨터 작업을 하고 있었다. 입구에서 제일 가까운 부스에 있던 청년이 나를 올려다보았다. 짧은 머리에 검은 턱수염을 기른 청년은 로비 경비병만큼이나 의심 가득한 시선이었다. "잠시만 기다리세요. 담당자가 곧 나와 모실 겁니다." 그가 말했다. 나는 딱딱한 플라스틱 의자에 앉았다. 벽은 야광 빛 주황색이었다. 플라스틱 액자 속에 들어 있는 대형 포스터에는 "가슴을 울리는 이야기로 돈방석에 앉자"라고 적혀 있었다.

바로 왼쪽에 100년도 더 된 싱어 재봉틀의 낡은 나무상자가 놓여 있었다. 재봉틀이 눈에 들어온 이유는 어린 시절 가보 중에 비슷한 물건이 있었기 때문이다. 이곳 맨해튼 미디어 기업의 대기실에서와 마찬가지로, 내 재봉틀도 장식품 신세였다. 기업의 전무이사 숀 사우디가 재봉틀 뒤로 나타났다. 검은 스포츠코트와 슬랙스 차림에 테가 얇은 안경을 끼고 있었다. 나는 자리에서 일어나 상자 너머로 그와 악수를 했다.

"이게 뭡니까?"

"마음에 드세요?"

"아름답군요." 나는 손바닥으로 부드러운 상자를 쓰다듬었다. 나무가 어찌나 닳았는지 복원이라도 해야 할 것 같았다. 상자 안에 있는 기계는 검은색 광택에 금색 무늬로 장식됐다. 바퀴, 실패꽂이, 실조절접시, 바늘대 등 부속 대부분은 여전히 깨끗했다. 비록 색이 바래고 여기저기 깨졌지만 겉모습만 보면 오랫동안 사용한 적은 없는 것 같았다. 저 기계를 다시 움직이게 하려면 그저 주철 발판을 살짝 발로 누르면 그만일 것이다. 넓은 바퀴를 돌리며 도르래 시스템에 가죽띠를 건 다음 기계 부품을 일제히 돌리는 것이다. 그리고 넓은 직물에 바늘땀 하나를 박아 넣는다. 한때 그런 동작 하나가 라틴아메리카 전체를 삼켜버린 적이 있다. 경비병은 모르고 있었지만 내가 이곳에 온 이유도 정확히 그 사건 때문이었다.

　브로드웨이 역사상 시청률이 제일 높은 드라마는 페루 사람이 만든 텔레비전 소설이다. 1969년부터 1971년까지 방영된 〈심플레멘테 마리아Simplemente María〉는 안데스산맥의 한 도농 이주민이 대도시에 가서 일과 재산을 찾는 이야기다. 앞부분에서는 가난한 이주민 마을에 사는 주인공 마리아가 분투하는 내용을 그렸는데, 그녀는 생계를 꾸리기 위해 낮에는 청소부로 일하고 밤에는 성인 문학교실에 다니며 공부한다. 문학교실 교사 마에스트로 에스테반은 몰래 그녀를 흠모한다. 마에스트로 에스테반의 모친은 싱어 재봉틀로 마리아를 가르쳐 침모 일을 하게 한다. PCI 미디어연구소 로비에 진열된 바로 그 재봉틀과 똑같은 모델이다. 400회가 끝날 때쯤 마리아는 더 이상 가난한 하녀가 아니었다. 파리의 국제 패션디자인 관련

거대 기업의 대표로 변신한 것이다.

흥밋거리가 주목적이긴 했어도 〈심플레멘테 마리아〉는 여성 이주민들의 자유와 가내노비들의 처우, 사회 계층 간 갈등을 다루었다. 시리즈는 대성공을 거두었다. 같은 시기에 방영한 월드컵 경기들보다 시청률이 높았다니 그 인기를 미루어 짐작할 수 있을 것이다.

그즈음 재봉틀회사 싱어의 발표에 따르면 드라마를 방영한 18개국 모두에서 재봉틀 판매량이 9퍼센트 증가했다. 재봉틀 판매량이 늘어남에 따라 그 지역의 가정부들이 재봉틀을 처음 시작하는 경우도 기록적으로 늘어났다. 사우디가 이 이야기를 하는 동안 나는 앤 E. 베커의 연구를 떠올렸다. 1990년대 텔레비전 방송에 노출된 덕에 피지의 여성 청소년들은 다이어트 열병에 감염되어야 했다.

베커와 마찬가지로 텔레비전 제작자 미겔 사비도^{Miguel Sabido}의 눈에는 이 예상 밖의 상관관계보다 이면에 있는 심리학이 훨씬 더 중요했다. 주인공 마리아에 크게 동화된 시청자들은 그녀의 야심까지 이입해 성공의 사다리를 오르려고 했다. 마리아는 바느질을 자수성가의 상징으로 바꿔놓았다. 최근 논문들을 보면 그 영향은 폭포수 효과를 만들어낸다. 드라마를 보지 않은 사람까지 바느질을 시작한 것도 그래서였다. 사비도는 드라마의 거대한 내러티브 구조가 얼마나 무작위·무의도적으로 시청자의 행동을 극적으로 바꿔놓는지 이해하고자 애썼다. 그러고 보니 사비도 자신도 다름 아닌 캘리포니아 팰로앨토에 있었다.

10년 전, 스탠퍼드대학 심리학과 교수 앨버트 밴듀라는 실험실 조교들에게 커다란 풍선 인형을 불게 했다. 풍선은 성인 크기에 전구를 뒤집어놓은 것처럼 생겼다. 어느 장난감 가게에서든 몇 달러만 주면 이 기이한 모양의 자기복원 펀치볼을 살 수 있다. 밴듀라의 실험실에서는 풍선을 이용해 우리가 행동을 이해하고 서로 전염하는 방식을 바꾸고자 하였다. 72명의 대학 병설유치원생들이 한 명씩 놀이방에 들어왔다. 안에는 장난감들이 가득했다. 아이들 절반이 들어간 방에는 어른도 한 명 있었는데, 그는 아이들이 노는 동안 장난감 망치를 집어 인형 얼굴을 마구 때렸다. 나중에 어른이 떠나자 아이들도 주먹으로 인형을 때리고 발로 차기 시작했다. 이른바 공격성에 노출된 것이다. 이 실험은 행동학습 이론을 최초로 공식 확인했다. 그때까지만 해도 심리학자들은 행동의 원천이 내면적이며 잠재적 욕구와 충동, 자극에 의해 발현한다고 믿었다. 밴듀라의 사회적 학습^{Social Learning} 연구는 이제 사람들이 '자동적이고 무의식적으로' 타인의 행동을 관찰하고 그 이후의 보상과 결과를 확인하면서 새로운 행동 패턴을 획득한다고 주장한다. 사우디의 얘기를 듣는 동안 게리 슬럿킨의 이야기와 전염성 폭력 이론 그리고 관찰이 적응으로 변하고 사회전염이 발생하는 여타의 시나리오들이 떠올랐다.

밴듀라의 최근 연구들은 폭력과 적대감 너머까지 다룬다. 사람들은 사회학습을 통해 한 문화의 언어, 관습, 풍습, 정치

관행 등 복잡한 능력을 채택하는데 이는 의식적이든 무의식적이든 선례의 영향을 받는다. 그의 주장에 따르면 태도, 정서적 반응, 새로운 행동들을 전파하는 가장 효과적인 수단은 텔레비전을 통한 상징적 모방이다. 텔레비전은 정보를 신속하고 효율적으로 전달하는 대표적 매체이며 그 위력은 실제보다 훨씬 강하다.

텔레비전 제작자로서 미겔 사비도는 스탠퍼드대학의 밴듀라 가설을 새로운 종류의 미디어 프로젝트와 결합해 실용적이고 의도적인 실험을 해보기로 했다. 가능성이 충분해 보였다. 텔레비전 소설 영향으로 사람들이 바느질에 심취했다면, 어쩌면 보건과 교육 문제를 자극하고 강화하는 데도 큰 힘이 되어줄 것이다. 라틴아메리카 드라마들은 거의 매일 방영하기 때문에 대량 메시지를 전달하기에 최적이었다.

사비도는 텔레비전 소설 〈나와 함께^{Ven Conmigo}〉를 제작해 이론을 실험했다. 드라마의 시청률은 30퍼센트 이상으로 치솟았는데, 지금까지 텔레비사^{Televisa}(멕시코 최대 민영방송국_옮긴이)가 제작한 연속극 중 최고 수준이었다. 그런데 시청자들이 모르는 사실이 있었다. 사비도는 연속극 배경을 교실로 설정함으로써 멕시코의 대규모 문맹 노동시장을 자극했다. 향후의 연구를 보면 1975년과 1976년 드라마가 방영되던 시기에 무려 100만 명에 가까운 문맹자들이 멕시코 성인 글쓰기 수업에 등록했는데, 그 전해와 비교해서도 무려 아홉 배나 되었다. 게다가 드라마가 끝난 그다음 해 등록자는 오히려 두 배로 늘었다.

1977년 텔레비사는 사비도의 다음 드라마 〈더불어 함께 ^Acompáñame〉를 거의 200시간 방영했다. 드라마는 가족계획 문제를 다루었으나 시청자들은 거의 의식하지 못했다. 드라마가 방영된 이후, 제작진이 메시지를 숨겼음에도 불구하고 피임약 판매가 23퍼센트 증가했다. 매회 100만 명 이상이 드라마를 시청했다. 물론 모두가 드라마의 영향이라고 주장할 수는 없지만 가족계획을 시도한 사람들이 드라마의 행동을 모방했을 가능성은 얼마든지 있다. 과거에 피임을 심각하게 고려하지 않은 사람들도 마찬가지였다.

손 사우디와 PCI 미디어연구소 같은 조직은 그 후 밴듀라-사비도 모델을 채택했고 범세계적인 행동 변화를 모색했다. 나이지리아의 뮤직비디오 운동은 피임을 원하는 사람들을 매 분기 네 배까지 끌어올렸다. 인도에서는 연속극 〈한 걸음, 한 걸음, 미래를 향하여^Tinka Tinka Sukh〉를 통해 조혼 풍습의 단절을 이끌었다. 탄자니아에서는 마흔다섯 살 이하의 60퍼센트가 라디오방송 〈시대와 함께^Twende na Wakati〉를 방청했는데, 이 영향으로 콘돔 배급률이 150퍼센트 증가하면서 에이즈의 확산을 방지하는 데 기여했다.

초반에 캐나다 환경부와 유엔과 합작한 적이 있는 사우디는 이렇게 결론을 내렸다. 정말로 세상을 바꾸고 싶다면 정부나 사회 프로그램을 끌어들이지 말라. 그보다는 지극히 평범해도 일상을 살아가며 현명한 결정을 내리는 사람들과 협력하는 편이 좋다. "그 방법만이 개개인을 고민하게 하고 행동을 바꿀 수 있어요. 그렇게 사회복지, 정신복지, 건강복지를 직접 주도할 때 우리는 삶을 향상시킬 수 있죠." 사우디는 그렇게 말했다. PCI 미디어연구소는 밴듀라-사비도 모델을 도입해 교육방송과 라디오방송 에피소드를 5,000편이나 제작했으며 이는 페루, 기니, 멕시코, 우간다를 비롯해 총 45개국에 적용되었다.

"그런데 박사님이 교육적 단서를 이야기에 짜 넣었다는 사실을 아무도 몰랐나요?"

"어떤 식으로든 노골적으로 교육 목적을 드러냈다면 실패했겠죠." 사우디의 대답이었다.

"시청자들은 그저 재미있게 보기만 했겠군요."

"맞습니다. 효과를 내려면 조심스럽고 세심해야 합니다. 메시지를 어떻게 심을지 전략적으로 결정해야 하니까요."

아무래도 이상한 전염을 이해하는 데 또다시 장애가 생긴 모양이다. 폭력치유 모델과 게리 슬럿킨의 모델을 도입하고 불가시영역을 드러내면 사람들의 행동을 바꿀 수 있을 줄 알았다. 게리 슬럿킨은 사람들의 불합리한 행동은 물론이고 그 행동으로 이끄는 생각과 감정의 확산을 막고자 한다면 불가시영역을 가르치고 전염병이 어떻게 확산하는지 깨닫게 해야 한다고 주장하고 있었다. 폭력의 전염성을 많이 알수록 단속단을 더 많이 만들 수 있다는 얘기다.

숀 사우디의 이론은 슬럿킨과 정반대다. 사람들의 행동을 바꾸려면 불가시영역이 되려는 변화 매개Change Agents가 필요하다. 사우디의 이론은 모든 과정을 불가시영역에서 유지하고 또 영원히 의식하지 못하도록 감출 수 있는지 여부에 달려 있다. 설교하라, 그러면 멸망할 것이다. "우리 프로그램은 100퍼센트가 오락이고 교육은 30퍼센트뿐이에요. 그런데 그마저 숨어 있죠." 사우디의 말이다. 대신 대규모 행동 변화가 가능하려면 프로그램이 크게 흥행해야 한다. 제작자들은 행동과 생각을 전파하기 위해 메시지를 조심스럽게 재밋거리 속에 숨기는데, 이 경우 시청자를 철저히 속이는 게 중요하다. 비행기에 편승한 우주왕복선처럼 학습된 행동 변화는 연속극에 묻힌 채 인간의 내면에 침투하고 정신을 통제한다.

"집에 갓난아기가 있죠?" 사우디의 질문에 내가 고개를 끄덕였다. "조금 있으면 선생님의 바람과 정반대로 움직이기 시작할 겁니다." 언젠가 열이 나서 체리 맛이 나는 약을 마시게 한 적이 있다. 그런데 아이가 버티는 바람에 타이레놀 액이 흰 셔츠에 흐르고 말았다. 물론 공공보건을 위해서라지만 외국인들의 뿌리 깊은 행동을 바꾸라고 설득하기가 얼마나 어려운지 잘 알고 있다. 역시 뿌리 깊은 문화 규범과 가치에 반하는 일이 아닌가. 때로는 약을 초코우유에 슬쩍 타서 줄 필요가 있다.

"이야기의 힘은 변화입니다. 세상을 정의하고 이해하는 방법이자 의미를 만들어내는 도구죠. 미디어의 아름다움은 모방으로 얻을 수 있는 대가가 무한하다는 데 있어요. 세상을 더 밝게 만든다 해도 모든 행동을 전달할 수는 없습니다. 하지만 미래에 자신이 변하게 될 모습과 사랑에 빠진다면 등장인물의 눈과 행동을 통해 변화가 일어나게 되죠."

그의 말에 따르면 시청자들도 성장해 타인의 롤모델이 된다. 새로운 사고와 행동방식을 따르기 위해 반드시 드라마를 봐야 하는 건 아니다. 밈이 공동체를 장악할 수 있다. 어느 순간 모방감염 Echo Contagion에 걸릴 수도 있고 갑자기 주변 변화의 물결에 휩쓸릴 수도 있다. 의식은 못 하겠지만 여러분 역시 타인의 롤모델이 될 수 있다.

나는 다시 동기부여연구소의 피터 골비처가 생각났다. 골비처도 숨은 단서에 대해 이야기했었다. 미묘하면서도 깊이 은폐된 점화단서들이 사람들의 생각과 행동과 감정을 자극하고 조정해도 정작 당사자는 아무것도 모른다고 했다. 두 사람이 (단지 규모만 다른) 같은 이야기를 한 걸까? 골비처가 벽화를 걸어 창의력을 벼리고 집중도를 높이는 반면 PCI 미디어연구소는 이야기 속에 미묘한 메시지를 심는 방식으로 광범위한 변화를 유도한다.

솔직히 말해서 이 가파른 비탈에 마음이 편치만은 않다. 아무리 보잘것없고 순수하다 해도 내적 도덕심은 여전히 모호하기만 하다. 윌리엄 J. 브라운 William J. Brown과 아빈드 싱할 Arvind Singhal 같은 연구자들은 사회적 간섭을 일종의 난공불락의 딜레마로 여긴다. 제작자들은 어떤 문제와 어떤 사회 그룹을 선택하고 어떤 쪽을 무시할지 결정해야 한다. 사회적 간섭의 선구자들도 툭하면 가치를 만들어내고 툭하면 파괴해버린다. 독립

독행을 믿는 사람이라면 누구나 인정하겠지만, 이런 식의 신념은 더 위대한 선을 지향하는 소위 점화인물$^{Priming People}$의 비호 아래서 소멸하고 만다. 친사회적 미디어는 특정한 방향으로 '지식이나 태도, 실천'의 변화를 꾀하는 도구다. 따라서 일정한 목표를 이루고자 하는 한, '당연히 해야 할 일'의 굴레에서 결코 자유롭지 못하다. 다만, 공동체가 도덕적·윤리적 가치를 공유하지 못한다면 목표를 판독하는 것이 더욱 어려워질 것이다. "친사회적 기획에 있어서 무엇이 친사회적이고 무엇이 아닌가? 또 누가 그것을 결정할 것인가? 거기에 우리의 딜레마가 있다." 두 연구자의 주장이다. 물론 운이 좋다면 이런 식의 조작이 생명을 구할 수 있다. 하지만 최악의 경우 정부 차원에서 악용할 빌미를 주고 또 의도치 않게 참극을 초래할 수 있다. 심지어 텔레비전 프로그램이 친사회적 메시지를 지지한다고 해도 어떤 사람들은 오히려 경도된 신념에 더욱 집착할 수 있다.

어떤 사회적 신념과 행동이 옳고 그른지 의견이 다를 경우 제작자들은 조심할 수밖에 없다. 대화는 더 이상 주관적인 옳고 그름의 영역에 속하지 않기 때문이다. 생명을 구하는 것, 오로지 그것만이 객관적인 목표가 될 수 있다.

이런 식의 해석을 받아들이고 싶지는 않으나 솔직히 공감하는 부분이 없지는 않다. 생명을 구하는 문제는 부모의 책임을 어떻게 규정하느냐의 문제다. 다만, 부모라는 존재는 대부분 아무런 기준도 없이 어느 특정한 기준을 고집하는 사람이다. 이는 내 아들의 음료에 몰래 약을 타는 것과 다르지 않다. 우리가 그렇게 하는 이유는 최선을 원하기 때문이며, 최선이 아닐 경우 결과가 어떤지 예측할 수 있기 때문이다.

<p style="text-align:center">**

지금까지 이해한 사회전염의 내용을 우리 상황에 맞게 활용한다면, 어쩌면 팰로앨토에서 연쇄자살이 완전히 사라질 수도 있을 것이다. 이를테면 기존의 방식에 몰래 치료약을 섞어 넣는 것이다.

사우디는 흥미로운 생각이라고 하면서도 우려를 감추지 않았다. "그런데 팰로앨토에 적용할 경우 사비도 방식이 어떻게 보일지 모르겠어요."

우리는 동부 44번가에 있는 일식당 부스에 앉았다. 식당은 좁은 데다 손님도 북적였다. 튀김어묵 냄새가 진동했다. 박사는 젓가락으로 참치 한 점을 집어 입으로 가져갔다. "사비도 방식은 분명 먹힙니다. 그걸 입증할 자료들도 있고요. 그런데 문제에 봉착했죠. 우리가 도입한 행동 모두가 전염되지는 않는 거예요."

별로 놀라운 얘기는 아니다. 동기부여연구소 골비처는 누군가에게 어떤 행동을 전염시키려면 행동 변화가 이미 그의 내면에 존재해야 한다고 지적했다. 여타의 조건이 동일할 경우, 인간은 공통된 점화단서에 쉽게 영향을 받지만 그것도 성격이 매우 보편적이라고 가정했을 때 얘기다. 1995년 손에 넣은 자료에는 중년층 그리고 열여덟에서 스물네 살까지의 나이가 두려움에 가장 쉽게 전파된다는 통계가 있었다. 요컨대 특정한 사회전염에 있어서 나이가 경계가 될 수 있다는 뜻이다. 일레인 해트필드의 논문을 보면 여성이 남성보다 정서적 전염에 취약했다. 여성들은 사람의 표정을 더 정확하게 읽고 남성들보다 더 빨리 눈을 맞추며 사회적 자극을 더 정확히 처리하고 저장하고 획득한다. 해트필드의 다른 논문을 보면 성 차이를 넘어 직업도 제한적 요소가 된다. 예를 들어 의사들은 해군들보다 노여움이나 슬픔의 사회전염에 쉽게 영향을 받는다.

텔레비전 제작자들이 사비도 방식에 정통하다 해도 풀기 어려운 문제는 여전히 남는다. 사우디의 설명에 따르면 다룰 주제가 너무 방대하면 일정한 문제 내에서 특정 행동을 분류해낼 수 없다. 다른 한편으로는 요소를 제한할 경우 치유 행동이 생각대로 전염되지 않을 수 있다.

하지만 일단 전염되기만 하면 그 혜택은 무궁무진하다. 식사를 하고 따뜻한 차까지 마신 후, 사우디와 나는 가설 문답에 몰두했다. 요즘 특히 재미가 들린 취미 활동이다. 난 그에게 밴듀라-사비도 모델을 팰로앨토에 들여오면 치유놀이 교육 프로그램이 어떻게 보일지 물었다.

그의 대답은 이랬다. 프로그램의 성공 여부는 그곳의 사업가, 교육자, 지방정부, 보건 관계자들과 사전조사를 하고 협력관계를 만들어내는 데 달려 있다는 것이다. 사우디를 비롯한 제작자들은 핵심 정책입안자들을 설득하고 NGO 단체들을 깊숙이 끌어들였다. 심리적·정서적·행동적 사회전염을 포함해 유익한 요소들을 치밀하게 구분하고 파내기 시작했다. 그렇게 도출한 연구 결과들을 모아서 작가들에게 인계하면 작가들이 비단 천을 벽에 붙이고 네 귀퉁이를 압정으로 고정한 다음, 녹색 카드에 펠트펜으로 등장인물들의 윤곽을 잡고 포스트잇을 이용해 이야기의 얼개를 만드는 것이다.

우리는 텔레비전 소설이 아니라 라디오 드라마를 제작하기로 했다. 텔레비전 소설이 라틴아메리카에서는 인기가 있었을지 몰라도 미국에서는 아니었기 때문이다. 웹 기반 드라마도 괜찮고 좀 더 욕심을 낸다면 고급 비디오게임에 사회 특성을 가미해도 좋다. 아직 가설에 불과하지만 우리 팀이 게임의 방식과 핵심 플롯을 설정할 수도 있다. 예를 들어 실리콘밸리 창업이라는 초긴장, 고위험 세계를 만드는 것이다.

사우디는 거대한 얼개 어딘가에 이야기 날줄을 하나 끼워 넣어 행동 변화를 이끌도록 꾀할 것이다. 어쩌면 성적보다 자아의 가치를 존중하고 실패를 성장으로 받아들이며 도움 추구에 관여할 수도 있고 스스로 단속단이 될 수도 있다. 이 정도만 되면 싱어 재봉틀로 수를 놓는 것만큼이나 훌륭한 스토리라인이다.

아이비리그에 전염되기

층계참 맞은편에 사는 사람들은 만난 적이 없다. 실제로는 다른 주에 살고 있어서 집도 대부분 비어 있다. 그러니까 아파트를 구입했다기보다는 손주들을 위한 주소가 하나 필요했던 것이다. 다른 것은 몰라도 팰로앨토의 학교 지구는 전국에서 세가 비싸기로 유명하다. 그럼에도 사람들은 집을 구해 자식이나 손주들을 이곳 교육 시스템에 편입시킨다. 물론 속임수고 편법이다. 걸리면 추방된다는 것을 감수하고서라도 그럴 만한 가치가 있으니까 하는 걸 거다. 아이들을 최고의 학교에 넣을 수 있다는데 무슨 짓인들 못 하겠는가. 사람들이 막연히 믿거나 바라는 사실들이 있다. 훌륭한 교육 환경에서 지적인 사람들과 가까이 지내면 아이들이 그 영향을 받아 성공 기회도 많아진다고 믿는 것이다. 심지어 그들만큼 위대한 인물이 될 수도 있다고 믿는다.

언젠가 《패스트컴퍼니》에서 열아홉 살짜리 대학 도강생 기욤 뒤마의 얘기를 읽은 적이 있다. 2008년 뒤마는 수강 신청도 하지 않은 채 맥길대학의 대형 강의실에 몰래 들어가 정치과학 수업을 들었다. 콩코디아대학에서는 문학과 철학 수업을 도강했다. 누군가 물어보면 청강을 한다거나 아니면 교양학부 전공자인데 선택과목을 이수하고 있다고 대답했으나 사실 신경 쓰는 사람도 거의 없었다. 당연히 같은 학교 학생이라고 생각했을 것이다. 일단 오랫동안 수업을 듣다 보니 그도 수강생들의 일부로 스며들어갔다. 도강이 따분해지면 다른 도시에 있는 다른 캠퍼스로 옮겨갔다. 사실 그는 특별히 도강을 할 이유도 없었다. 예일대학에 학적이 있었고 또 성적도 좋았으니 왜 아니겠는가. 뒤마는 청강생 신분에도 불구하고 이런저런 강의에서 예리한 지적을 했다. 브라운대학에서는 학생들과 토론을 벌이기도 했다. 학생들은 뒤마와 달리 허세와 허풍으로 어떻게든 상대를 속이려 애를 썼다. 캘리포니아대학 버클리캠퍼스에서는 교수가 직접 신고한 적도 있었다. 부랑자가 예술, 철학, 과학에 빠져 마치 와이파이를 훔쳐 쓰듯이 지식을 훔치고 있다는 것이다. 하지만 뒤마는 도강이 일종의 실험이라고 주장했다. 요컨대 '학사학위가 인생에 무슨 의미가 있지?' 같은 의문에 답을 구하려고 했다는 것이다. 하지만 내가 보기엔 길 잃은 젊은 영혼이 지어낸 변명 같기만 했다.

　　뒤마는 아이비리그 학위를 받지 않았다. 그렇다고 이 도강 청년이 지성에 감염되지 않았다고 말할 수는 없다. 강의실에 앉아 강의를 듣고 정보를 습득하고 똑똑한 사람들과 함께 있는 것만으로도 뒤마는 더 똑똑해졌을 것이다.

뉴욕대학의 피터 골비처의 말에 따르면 대학 소속원들은 무의식적으로 생각을 전파하고 습득한다. 이는 아이큐나 개인 능력 또는 지적 결함과도 무관하다. 야심이나 탐욕에 전염되듯이 우리는 비슷한 방식으로 지식을 습득할 것이다. 하버드 대학은 지난 40년 동안 소형 강의 수강생들이 대형 강의 수강생들보다 더 우수하다고 생각했으나 지금은 아니다. 대형 강의 수강생들이 학습과 기억에 도움을 얻는 데 필요한 기술을 더 쉽게 익힌다는 사실을 인정한 것이다. 강의실이 클수록 주변 사람들이 가설에 도전하는 모습을 볼 기회가 많아진다. 말하자면 무의식적으로 새로운 생각과 질문 방식을 습득하고 학습 기술을 모방하고 대화 능력을 개발하도록 실마리를 얻을 수 있다. 강의실이 클수록 지식의 우물도 크고 깊다.

존스홉킨스대학과 텍사스대학에서 협동학습 연구논문들을 찾아냈다. 개인의 발전이 다시 그룹과 관계가 있다는 가설인데, 이는 유치원의 협동학습이 개인학습을 향상시키는 것과 일치한다. 그룹 환경이 두뇌의 시냅스 가소성Synaptic Plasticity에 영향을 주는 것이다. 세포가 다른 세포를 반복적으로 자극하면 일방 또는 쌍방으로 변화가 일어난다. 1960년대 초 실험을 보면 연구자들은 실험 쥐를 다른 쥐 그룹에 넣고 복잡한 사회적 상호작용을 할 수 있는 환경을 만들어준다. 그런 식의 환경은 쥐의 기억 능력을 향상시키며 그에 따라 수중 미로 임무와 쳇

바퀴 임무 수행도도 혼자 행할 때보다 높아진다. 두뇌의 크기도 무거워지고 커진다.

사람도 다르지 않다. 협동학습은 적응 훈련의 핵심이다. 제임스 서로위키^{James Surowiecki}는 저서 『대중의 지혜』에서 타인의 행동에서 실마리를 얻어야 한다고 강조했다. "복잡한 계산은 피하고 타인의 사례를 따르고 행하라. 타인의 지혜에 편승하라. 실제로 모방은 인간의 인지 한계에 따른 합리적 반응이다. 누구도 만사에 정통할 수는 없다. 한계가 있기에 전문 분야를 특화하는 것이다. 그들이 앞서 정보를 파헤치면 타인은 모방한다. 지식은 그렇게 널리 퍼져나간다."

두뇌는 주변의 그룹 환경에 반응한다. 뒤마는 최고의 지식인들에게 편입하는 방법으로 자신의 마음을 강제로 환경에 동화했다. 예일, 브라운, 스탠퍼드대학의 수업을 따라잡으려면 생각도 빨라야 한다. 교수가 질문할 때 그가 당연히 답을 안다고 여길 것이기 때문에 과거와 다른 방식으로 정보를 흡수할 필요도 있었다. 주변 학생들이 보다 세련된 언어를 사용하면서 그의 정신도 그와 유사하게 반응한다. 여행자의 브로카 영역^{Broca's Area}이 외국어 어휘를 채택하는 방식이 그렇다.

이 찬연한 팰로앨토의 학교 지구에 살 수 있다면 여러모로 좋다. 팰로앨토에 있는 한 아이들은 최고의 교육을 보장받는다. 이 지역 학생들, 교사들과 함께 생활하고 그들을 모방하는 것만으로도 생각하고 배우는 방식에 영향을 받을 수밖에 없다. 선한 직업윤리는 물론 건전한 야심을 채택할 가능성도 높아질 것이다.

마을을 떠나면 어려워진다. 이런 생각을 하면 (요즘에는 종종 이런 상념에 빠지곤 한다) 아내는 자신이 일류 학교에 다니지 않았다는 사실을 재확인해준다. 아내는 메릴랜드주에 있는 퍼블릭스쿨에 다녔다. 좋은 지역이지만 학교 등급은 중간 정도에 불과했다. 그럼에도 불구하고, 아니 어쩌면 그 덕분에 터프츠대학을 거쳐 하버드대학 경영대학원을 나올 수 있었다. 요즘 아내의 걱정은 팰로앨토의 생활비가 너무 높다는 데 있다. 게다가 이곳에 계속 머물게 되면 그 대가는 훨씬 더 클지도 모른다.

이 마을이 뜨거운 감자가 되었다는 사실을 모른 척할 수는 없다. 지난 36개월간 팰로앨토의 자살 비율은 현저히 낮아졌으나 사람들은 여전히 의심의 눈초리로 이곳을 본다. 자살 사건의 기억도 어정버정 떠돌며 여전히 이 눈부신 시스템의 그늘을 노려본다. 우리에게도 당연히 책임이 있다. 그런 이야기를 믿고 또 툭하면 불안해하지 않았던가. 이곳에 머물면 내 아이들이 정말로 위험에 처할까? 지금이야 사건의 영향이 남아 있지만 실제로 우리와는 아무런 관계가 없다. 죽은 학생들을 알지도 못하지 않는가. 하지만 머물 것인지 떠날 것인지를 고민할 경우 저 끔찍한 일들을 사실로 인정한 셈이 되는 것이다.

타다니 부부는 근처 콘도에 살며 가끔 우리를 초대해 인도의 전통 음식을 대접한다. 몇 년간 알고 지낸 남편 산지트는 착하고 단정하고 신중한 사람이라 나도 무척 좋아한다. 이런저런 얘기를 통해 그가 인도에서 두어 번 사업에 실패했다는 사실은 알고 있었다. 실리콘밸리에서는 컨설턴트로 일했으나 역시 운이 따르지 않았다. 7개월만 있으면 대리인이 아들을 데려오기로 했다는데 부부 얘기로는 계속 이 콘도에서 지낼 생각이라고 한다. 옆 마을에 저택이 있지만, 지금은 휴렛팩커드 부사장에게 임대한 터였다. 이 작은 콘도를 지키면 아들은 팰로앨토 교육 시스템에 편입해 높은 수준의 교육을 받게 된다는 거였다.

"더 큰 집으로 이사할 수 있지만 학교는 이곳이 좋아요." 산지트 타다니의 말이다. 어느 날 저녁 그의 거실에서 함께 사과를 먹을 때였다. "이곳 교육 시스템이 아이들에게 주입되는데 괜찮겠어요? 성공만 중시하는 풍토인데." 내가 물었다. "시스템 주체가 누구죠? 어떤 시스템이요? 우리가 바로 시스템입니다. 아이들을 몰아치는 것도 우리고 다른 사람보다 잘나야 한다고 우기는 것도 우리예요. 그래야 정상에 설 수 있다고 믿는 것도." 그가 단언했다. 사실 누구나 자식이 성공하기를 바란다. 아이들의 미래를 조장할 수도 있고 또 미래를 위해 애를 쓰기도 한다. 아이들이 목표를 높게 잡기를 원하며 그들이 성공하면 마음을 놓는다. 하지만 타다니의 생각은 달랐다. 사람들을 학력, 성과, 성적, 능력으로만 평가하면 최악의 상황이 터질 거라는 얘기다.

"문제는 우리에게 있습니다. 우리가 결국 타인의 삶에 끼어드는 침입자죠."

어느 순간 우리는 공동체의 조직원이 된다. 그리고 단순히 그곳에 속한다는 이유만으로 사회전염과 행동전염에 이바지한다. 원칙의 보균자가 되어 병을 옮기고 다닌다. 문화를 맹신하고 생각과 행동의 샘물이 마르지 않게 하려고 애쓴다. 나도 마찬가지다. 그때쯤 우리 가족은 이미 4년 이상 실리콘밸리에 살고 있었다. 나는 대형 출판 계약을 쫓아다녔다. 혁신을 추구하고 사람들을 깨우치는 데 헌신한 위인이나 난해한 문제를 근본적인 방법으로 해결한 사상가들을 찾아다녔다. 아내도 마찬가지였다. 회사 대표인 아내는 주로 아이비리그 출신 졸업생들을 고용했다. 이 지역에는 원래 고학력자와 실력자가 넘치기는 하지만 아내의 인적 자원 업무도 분명 그 현상을 부추긴 격이다. 우리는 실리콘밸리의 신화를 믿었으며 높고 높은 기준을 공고히 하는 데 한몫했다. 우리 역시 꿈은 이루어진다고 주장하는 부류에 속했다. "누구나 꿈을 이룰 수 있고 또 누구나 이루어야 한다."

이상한 전염이 곧 전염성 생각과 행동과 감정의 융단폭격이라면 우리도 공모자가 되어 전염병을 만들고 배양한 것이다. 노시보효과에 이바지하기도 했다. 오래전 이곳에서 발생한 자살 사건 이후 히스테리를 조장하고 근거 없는 두려움이라는 이름의 사회전염을 만들고 절대적 영향력으로 아이들을 위험한 길로 몰아넣었다. 특정한 환경을 만들어놓고 아이들에게 성취를 강요했다. 결국 다섯 아이를 기차에 뛰어들게 만들었다. 우리가 그 책임을 부인하지 못한다면 마찬가지로 마을 아이들을 보호하는 데에도 책임이 있다. 우리는 이율배반의 태도로 우물을 오염시켰다. 난공불락의 무력감에 신음하면서도 한편으로는 미래를 향한 기대감에 부풀었고 또 언젠가 더 많이 이루고 더 잘하게 되고 높은 자리에 오르고 떼돈을 번다고 믿었다. 나 역시 말 그대로 대형 출판 계약을 할 거라고 확신하지 않았던가.

주변에 있다는 이유만으로 지식을 습득한다면, 어쩌면 지식을 다시 정의해야 할 필요가 있다. 아이들은 누구의 곁에서 도대체 뭘 배우는 걸까? 우리는 점화단서를 더해 새로운 행동에 활력을 제공할 수 있다. 지식을 도입해 어려울 때 도움을 주고 트라우마를 깨뜨려 정신건강을 회복해줄 수도 있다. 성공에 대한 신념체계도 다시 규정해야 한다. 고득점이나 최고의 영예 혹은 찬란한 보상만이 성공의 모습은 아니다. 실패를 겪고 역경에 처했지만 여전히 살아 있고 또 잘사는 사람들의 이야기도, 선례로 끼워 넣을 필요가 있다.

타다니는 사과 조각을 마저 먹고 소파 위로 상체를 기울였다.

"창업회사를 시작했는데 예상보다 실적이 저조합니다. 이 나라가 좋은 점이 그거예요. 두 번째 기회가 있거든요." 그가 밝은 목소리로 말했다. 말인즉슨 언제나 코스를 수정하고 다시 시작할 여유가 있기 때문에 언젠가는 제 길로 간다는 뜻이다. 그러나 누구에게나 두 번째 기회가 오지는 않는다. 다섯 아이가 세상을 떠났다. 부모들은 크게 상처를 입었고 공동체 역시 회복 불능의 상실감에 완전히 다른 모습이 되었다.

보육센터가 포진바이러스 위협에 노출되었을 때 우리는 아이가 병에 걸릴 확률을 계산하고 아이를 교실에서 빼낼지 고민했다. 그러나 항상 깨닫는 바는 아무리 궁리하고 머리를 쥐어짜봐야 어느 쪽으로도 해답이 없다는 사실뿐이었다. 우리는 머릿속으로 논쟁을 하고 또 했다. 전날 밤 토론 끝에 이런 저런 결론을 내렸어도 아침이면 다른 생각이 들어 또 얘기가 길어졌다. 결론은 매일 수십 번 뒤집었던 곳에서 한 발짝도 나가지 못했다.

하지만 이번 상황은 다르다. 승산은 더 적고 위험은 훨씬 더 가팔랐다. 그럼에도 이곳에 계속 머문다면 교실과 공동체는 물론이고 문화까지 모두 바꿀 기회가 없지는 않다. 기욤 뒤마처럼 시스템에 침투하거나 숀 사우디처럼 행동 변화를 도입해 공동체에 전염할 수도 있다. 피터 골비처처럼 점화단서들을 이용해 행동을 유발하고 궁극적으로 심리적 안정을 이끌어내도 좋다. 게리 슬럿킨의 말대로 마을 사람들을 단속단으로 키울 수도 있다. 지식을 강화해 기억 속에 깊이 각인시키면 정신건강에 관해서는 절대 원칙을 무시하지 못할 것이다. 비록 한 번에 한 사람씩 만나는 한이 있더라도 우리는 기어이 해낼 것이다.

산지트 타다니와 식사를 하고 이틀 후, 건고등학교 경제학 교사 로니 하비브에게서 메시지가 왔다. 그날은 평소보다 일찍 일어나 우는 딸을 등에 업고 반바지에 양말 차림으로 복도를 서성이고 있었다. 딸은 이내 내 어깨에 뺨을 댄 채 다시 잠이 들었다. 머리에서 베이비샴푸 냄새가 났다.

　나는 조용히 아이폰을 잡고 화면을 내 쪽으로 돌렸다. 딸을 깨우고 싶지는 않았다.

　"또 사고가 터졌습니다."

　타다니와 대화한 후 줄곧 희망에 젖어 있었지만 꿈은 그 자리에서 사라지고 언제나처럼 똑같은 질문만 돌아왔다. 역시 언제나처럼 대답 없는 질문이었다. 해답을 찾으려면 가야 할 길이 멀다. 지금까지의 노력으로는 어림도 없다. 그런데 과연 끝이 있기는 한 걸까?

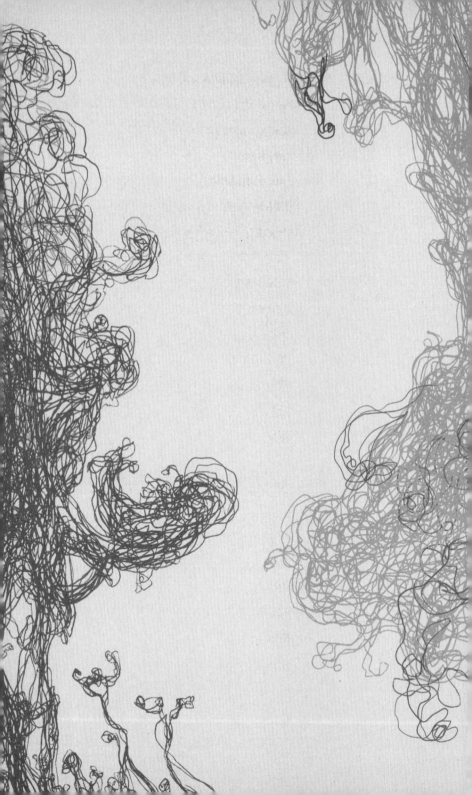

7부

대화

"당신은 나를 잘못 알고 있어요."

데이비드 포스터 월리스David Foster Wallace

도착, 제2부

기차는 사람이 보지 못하는 세상을 본다. 예를 들어 고속도로에서는 도시 변두리나 푸른 관목숲을 보기가 어렵다. 칼트레인은 산업적이고 기능적이다. 승객에게 제공하는 누더기 천이나 인조가죽 좌석, 늘쩍지근한 내부조명에 심미적 배려는 거의 보이지 않는다.

하지만 소통의 메타포Metaphor로 볼 때 기차보다 나은 것도 없다. 커플러 헤드로 객차를 연결하고 통근자들도 서로 연결되어 있다. 조용히 앉아 차창 밖만 내다본다 해도 마찬가지다. 기차는 세계에서 가장 오래된 운송수단이지만 최첨단 기술과 결합해 있으며, 도착과 출발을 이어주는 기능을 한다.

단절의 메타포로서도 기차는 제 몫을 다한다. 전체 구조를 봐도 사람과 사람 사이에 공간이 뚜렷하다. 좌석, 줄, 2층과 1층, 객차와 객차 사이에도 일정한 간극을 유지한다. 뚜렷한

윤곽으로 땅과 하늘을 가르기도 한다.

2014년 10월 말의 어느 어스름한 저녁, 퀸 겐스라는 이름의 열아홉 살 소년이 선로 위에 서 있다가 세상을 등졌다. 이 특별한 순간은 그 밖의 순간 모두를 연결했다. 그 이전과 그 이후. 그 순간은 동시에 시간과 별개이면서 독립된 순간이기도 했다. 선로를 치우느라 잠깐 멈춰 선 기차는 이내 다시 출발할 것이다.

*
**

건고등학교 출신 학생이 여섯 번째로 기차에 치여 죽었다는 메시지를 보낸 지 2주쯤 지났을 때, 로니 하비브가 이번에는 이메일 하나를 포워딩했다. 교육감이 교사들에게 보냈다는 메일에는 선로에서 일곱 번째 학생의 시신을 발견했다는 내용이 있었다. 이름은 캐머런 리. 그리고 4주일 후 신문에 부고 기사가 올라왔다. 역시 건고등학교 학생이었다. 이름은 해리 리, 캐머런 리와는 사는 동네와 학교가 같을 뿐이다. 해리 리는 지붕에서 뛰어내렸다.

여덟 번째 자살에는 다들 충격이 컸다. 가족들의 마음이야 당연히 고통스럽고 고민도 깊었으나 동시에 전에 없던 분노가 치밀기도 했다. 사람들의 목소리, 온라인 기사와 포스팅에서는 혹독함이 배어나오고 공개 토론장에서는 부모가 교사들에게 비난을 퍼붓고 지역은 분열하고 학생들은 빗발치는 비난에 맞서 학교를 변호했다. 하지만 대부분은 그저 슬픔뿐이었다. 허망했고 심장이 찢기는 것 같았다.

슬픔은 분명 과거와는 달랐는데 그 이유를 알 것 같았다. 여덟 번째 연쇄자살이 발생하고 두 달간 일종의 위험지역이 생겼다. 모방연쇄자살 Echo Clusters Suicide의 위험이 평균 이상인 곳이었다. 2010년 정월 다섯 번째 희생자인 브라이언 베니언 테일러가 죽은 후 상황은 잦아들기 시작했다. 우리는 평온한 상태가 이어지길 바랐고 궁극적으로는 연쇄자살이 완전히 끝났다고 믿기도 했다. 2014년 겨울, 뒤늦게나마 우리가 옳았다는 사실을 깨닫기는 했다. 역학자들과 심리학자들도 연쇄자살의 종언을 선언하기 위해 수치를 내세우는 대신 상황 그 자체를 규정했다. 더 이상 불특정 기간과 지역 내의 집단자살행동 사례들만으로는 예측이 어렵다고 본 것이다. 1차 사건과 2차 사건 사이에 시간이 많이 지났기 때문에 우리는 이 사례들을 별도의 행동군 Pockets of Activity으로 보기 시작했다. 연쇄자살의 빈도 때문에 머리를 맞대고 궁리도 해봤지만 어차피 이해하지 못할 행동이었기 때문에 논리적 결론을 이끌어내기 어려웠다. 그런 시나리오라면, 시간이야말로 우리에게 있는 최고의 정의처럼 보였다.

최근의 사건은 재현이라기보다 제2의 연쇄자살에 가깝다. 과거보다 더 슬픈 이유는 드디어 이 마을이 뭔가 잘못됐다는 증거를 확보했기 때문이다. 이곳은 이상한 전염을 조장하고 있다. 이 운명적 조직을 이해하든 오해하든 결국 상처를 입은 것이다.

해리 리가 죽은 후, 상담사와 스탠퍼드대학 정신과의사들이 학교를 찾았다. 첫 번째 연쇄자살이 정점에 이르렀을 때와 방문 빈도도 같았다. 지역 학교마다 위기관리팀이 파견되고 시장은 성명을 발표했다. 인력을 충분히 제공하고 정신건강을 위해 더 많이 대화할 수 있도록 지원하겠다고 약속했다. 건널목에는 철도지킴이들을 연장 배치했다. 심리학자들은 정신건강 문제가 왜 중요한지 설파하고 학교와 공동체 내의 아이들에게 도움의 손길이 쉽게 닿을 수 있도록 안배했다. 시스템을 확대 개편해 아이들을 좀 더 유인하고 정신건강센터도 새로 설립했다.

로니 하비브는 2009년과 2010년 상황이 재현될까 불안해했다. 마을 주변의 분위기는 확실히 4년 전과 비슷했다. 사람들은 쉽게 상처를 받았고 두려움에 애간장을 태웠다. 위기감은 그때와 같았으나 그림은 달라졌다. 우리는 최선을 다해 상처를 봉합하고 안전조치를 취하고 사회전염이 어떻게 영향을 미치는지 확인했다. 단속단을 임명해 점화단서들도 추적했다. 하지만 이런 조치들도 이 특별한 사회전염을 막기에는 역부족이었다. 아니, 어쩌면 아직도 사회전염의 모든 요소를 밝혀내지 못했을 수도 있다.

그래서 우리는 새로운 결론에 도달했다. 두 번째 연쇄자살과 관련한 지배적인 이론은, 당연히 학생들의 죽음은 정체모를 우울증, 불안감, 스트레스가 원인이며 그 출처는 학교라는 사실이었다. 그 가능성이 맞다면 위기 규모는 엄청날 수밖에 없다. 나는 애덤 그랜트에게 이메일을 보내, 과거 조직심리학에서 이런 범주의 정서적 전염이 실제로 존재했는지, 그렇다면 팰로앨토의 사례에 적용이 가능할지 물었다.

　　그랜트는 몇 시간 후에 답장을 보냈다. "보셔야 할 논문이 하나 있습니다."

바르세이드의 우애에서 희망 찾기

경영학과 교수 시걸 바르세이드^{Sigal Barsade}는 초기에 무례한 동업자와 함께 혁신적인 사진 현상 기술 벤처회사를 꾸렸다. 그런데 동업자가 출장을 떠나면 회사 분위기가 확연히 달라졌다. 직원들이 더 즐거워하고 수다도 많이 떨었다. 전체적으로 평소보다 화목해지는 것이다. 물론 바르세이드 자신도 마찬가지였는데, 그러다가도 동업자가 돌아오면 분위기는 다시 딱딱해졌다. 후일 바르세이드는 대학원에서 이 사례를 발전시켜 그룹에서의 정서적 전염 이론을 창안했다. 전염이 어떻게 이루어지고, 정서적 조직 문화에서 그 효과가 어떤 의미를 갖는지 설명한 것이다. 그녀는 이론을 더욱 확장해 피고용인들이 서로에게 보여주는 배려, 공감, 융통성의 정도를 연구했다. 이른바 우애^{Companionate Love}라는 이름의 효과였다.

7년여가 지나는 동안, 장기보건의료센터가 바르세이드와

동료들의 두 번째 직장이 되다시피 했다. 그들은 13개 병동에서 일하는 직원 200명을 상대로 정서 환경에 대한 새로운 아이디어를 그려나갔다. 바르세이드는 직원들의 안색, 몸짓, 말투를 꼼꼼히 관찰하며 수용시설 내에서 직원들이 서로에게 우애를 드러내는 빈도를 측정하고 작업 그룹 내에서 긍정적·부정적 정서가 어떻게 흐르고 반발하는지 확인하였다. 복지사, 심리학자, 간호사, 심지어 주방 직원들까지 서로의 안색, 말투, 몸짓을 무의식적으로 흉내내면서 우애에 전염되었다. 협조가 잘 이루어지고 전염이 확산될수록 직원들의 결석은 물론이고 갈등과 탈진 빈도도 줄어들었다.

무엇보다 흥미로운 사실은, 긍정적 문화가 파장처럼 번져나가 센터 환자들한테까지 영향을 미친다는 것이다. 당연한 얘기겠지만 직원들의 우애 점수가 높을수록 그 병동의 우애 전염도도 높았다. 이들 병동은 다시 삶의 태도가 좋아졌고 마음가짐이 보다 긍정적으로 바뀌었으며 환자들의 불필요한 응급실 이동도 훨씬 적었다. 우애 점수가 높은 관리팀이 환자들을 돌볼 경우, 환자들은 자연스럽게 관리자들의 정서 상태를 닮는 것으로 보였다.

바르세이드는 계속해서 생물약제학기업, 첨단기술회사, 투자정보회사, 고등교육기관, 부동산업체, 여행사, 공익업체 등의 직장인들을 대상으로 우애 문화 현상을 추적했다. 환경이나 직원 규모는 달랐지만 결과는 대동소이했다.

논문을 살피던 중, 우애 특유의 선한 영향이 집단에너지를 자극해 회사의 경쟁력을 창출하는 반면 그 반대의 경우도 영향이 있다는 사실을 알 수 있었다. 부정적 정서 역시 그룹 문화를 통해 삼투한다.

긍정적이든 부정적이든, 대개는 감정에 전염되었다는 사실조차 깨닫지 못한다. 바르세이드는 어느 실험에서 학생들을 그룹으로 나누고 각 그룹에 이론적 임무를 부여했다. 직원들에게 보너스를 지급하라는 임무였다. 박사는 각 그룹에 몰래 첩자를 심어, 사전에 지시한 감정을 연기하게 했다. 첩자가 열정적일 경우 "자주 미소를 짓고 사람들의 눈을 들여다보며 말을 빠르게 한다". 우울한 분위기를 자극할 필요가 있으면 "말은 천천히 하고 상대의 눈을 피하고 잔뜩 웅크린 채 앉아있는다". 실험 전후의 분위기를 측정해본 결과, 학생들은 첩자의 긍정적·부정적 정서에 전염되었지만 감정의 원인이 본인에게 있다고 여겼다. 타인이 영향을 주었다는 생각은 하지 못했다. 이 사회전염에 걸리는 과정, 행동 모방, 표정 짐작, 말투 분석, 단어 암시 등이 한데 어울리면, '전염된' 사람들의 관련 기억망을 자극해 그 감정들이 자신의 것이라고 믿게 했다. 실제로는 동일한 환경의 사람들에게서 전염된 것이다.

타인에게 감정을 전파하려면 직접 접촉이 필요하지만 감정이입이 쉬운 사람들은 대리 감염에도 취약할 수밖에 없다. 만난 적도 없고 직접적인 관계가 없어도 접촉이 가능하다. 다만 마음의 눈이 필요하다. 자기 성찰을 많이 하면 본질적으로 전염에도 민감하다.

　　국방첨단과학기술연구소^{DARPA} 연구원 J. C. R. 리클라이더 J. C. R. Licklider는 1962년 쌍방향 컴퓨터를 최초로 구상한 인물이다. 하지만 컴퓨터 과학에 기여한 것과 별개로 오늘날 사람들은 그를 최초이자 최고의 심리학자로 기억하고 있다. 그는 소위 '은하 네크워크'를 만들어 일군의 연결 처리장치를 통해 자료를 보내고 회수할 가능성을 타진했다. 1965년 스탠퍼드연구소는 최초의 주컴퓨터가 되어 인터넷의 초기 버전 아르파넷에 연결되었으며 최초의 컴퓨터 대 컴퓨터 메시지를 수신했다. 그 후 머지않아 캘리포니아대학 로스엔젤레스캠퍼스(이하 UCLA), 캘리포니아대학 산타바버라캠퍼스, 유타대학 컴퓨터와도 연결에 성공했다. 오늘날 온라인 네트워크는 30억 명 이상의 사람들을 연결하고 200만 테라바이트의 데이터를 주고받는다.

　　그리고 40년 후 우리는 인터넷이 감정도 전달한다는 사실을 알게 된다.

　　세계 최초의 쌍방향 컴퓨터 노드가 있는 스탠퍼드연구소에서 65킬로미터 떨어진 곳, 페이스북은 언어 소프트웨어를 이용해 텍스트를 분석했다. '자신감' 같은 단어를 긍정적 정서로 분류하고 '분노' 같은 단어는 부정적 정서로 여기도록 프로그램한 뒤 알고리즘을 조작해 소셜미디어 서비스가 개인 뉴스피드에 포스트를 임의로 게재하게 했다. 페이스북이 뉴스피드에서 긍정 표현의 수를 줄이면 사용자들은 스스로 부정적 포스팅을 더 많이 만들어냈다. 뉴스피드를 잘라 긍정 표현만 보여주면 사용자들의 포스팅은 보다 긍정적으로 바뀌었다.

《국립과학원회보》의 2009년 논문에 따르면, 페이스북의 결과로 어떻게 소셜네트워크가 대규모 정서전염을 만들어내는지 알 수 있다. 시걸 바르세이드 같은 연구원들은 전송을 통한 직접 감염의 중요성을 평가절하한 반면, 페이스북은 더 이상 물리적 인접성이 사회전염의 한계가 아님을 실제 데이터로 증명했다. 페이스북이 연구 결과를 발표한 직후, 인디애나 대학이 추가로 트위터의 정서전염을 측정했다. 사용자들은 이전에 긍정적·부정적 트윗과 얼마나 접촉했는지에 따라 비슷한 정서의 트윗을 올렸다. 긍적적이거나 부정적인 내용 중 어느 한쪽을 4퍼센트 정도 더 노출하면 사용자의 트윗도 그 방향으로 기울어졌다.

읽으면 읽을수록 이 연구의 포괄적 의미를 분명하게 이해할 수 있었다. 이는 우리의 사사로운 온라인 생활을 훌쩍 뛰어넘는다. 예를 들어 최고의 공작 전문가가 온라인의 단어와 이미지를 조작해 감정을 자극하거나, 공감과 분노를 수단으로 다른 사람들의 반응을 유도하려 한다면 그 어떤 정치이슈나 공공의 관심도 그들로부터 자유로울 수가 없을 것이다. 국방부는 온라인상의 감정전염에 관심을 갖고 소위 미네르바 연구구상Minerva Research Initiative 프로젝트에 상당한 시간과 자원을 투자했다. 시민 소요나 폭동을 모델링하고 소셜미디어를 이용해 감정을 조절하는 실험이었는데, 이렇게 하면 전염을 통제·이용하거나 혹은 대응·대처할 수 있다.

자살예방 전문가들은 추모비가 자살을 방조할까 불안해한다. 지나친 추모는 약한 사람들에게 자멸 행동을 모방하도록 부추긴다. 사실, 아이들이 친구들 기념품을 모으지 못하게 하는 일이라면 팰로앨토의 포고꾼이라 해도 영원히 불가능한 업무다. 21세기 버전의 기념품은 온라인 대류권을 떠다니고 있어서 손길이 닿지 못하기 때문이다. 인스타그램, 스냅챗, 트위터, 유튜브, 페이스북 등 소셜미디어 이용자들은 대부분 이 아이들이다. UCLA 연구팀은 디지털미디어 환경에서 자란 탓에 아이들의 면대면 사교 기술이 쇠퇴했다고 지적한다. 하지만 아이들은 촉감과 물질의 왕국보다 이 얼굴 없는 공간에서 사적 표현을 공유하는 데 훨씬 더 자연스럽다. 자살 사건도 벌써 여덟 번째다. 당연히 온라인에서는 반응이 쏟아진다. 사람들이 자살을 얘기하는 방식이라면, 애넌버그 공공정책센터가 어느 정도 영향을 미치겠지만 온라인에서는 그런 식의 감독조차 존재하지 않는다. 소셜미디어 플랫폼은 일종의 가상 광장이며 사람들은 이곳에서 친구들을 만난다. 대화 또한 친구들의 감정 상태에 대한 질문과 제멋대로의 억측으로 가득하다. 사실 학생들과 여러 차례 대화를 해보았지만 그런 식의 참여가 나쁜 것 같지만은 않았다. 아니, 오히려 상당히 바람직하다는 생각도 들었다.

이번에는 미국 질병통제예방센터의 자료를 집어 들었다.

2012년, 센터는 온라인 토론장에 어떤 위험이 도사리는지 증명했다. 온라인에서는 선한 사람의 감수성에 의도치 않게 어두운 그림자가 드리울 수 있다. 그때쯤 나는 전염성 영향력의 근원이 단어나 이미지만큼이나 모호하다고 여기게 되었다. 정신은 그림이나 문자를 번역하고 말투를 해석하고 의미를 분류해내려고 애를 쓴다. 나는 온라인에서 어떤 식으로 감정이 전염되는지 생각해보았다. 심지어 우리는 140자로 만든 논평, 공유, 사진, 생각이 어떻게 무의식적으로 상대한테 영향을 미치는지 전혀 의식조차 하지 못한다. 지지와 연대를 보여주기 위해 친구의 포스트에 '좋아요' 버튼을 클릭하지만, 도대체 무엇을 전파하려는 걸까? 이모티콘이 단지 약식의 감정표현이 아니라 이상한 전염의 병원균을 옮기는 매개가 되는 것은 또 언제일까?

소셜미디어가 감정전염의 첨병인지는 몰라도 동시에 희망도 보인다. 어느 순간 노출 도구는 단지 이상한 전염의 대변자가 아니라 감정의 치유제를 전파하는 매개가 되기 때문이다. 무한한 영향력을 활용해 치유의 향유를 주사할 수 있다.

우애 등의 유익한 감정이 온라인에 참여한 사람들에게 어떤 영향을 미치는지 살펴보았다. 공감과 지지의 방어막이 유독한 감정의 범람을 막아줄 수 있을까? 게리 슬럿킨의 치유 모델을 도입하면, 저 무심하기 짝이 없는 네티즌들을 단속단으로 바꿔놓을 수 있을까? 와엘 고님이 용기와 분노를 전파하고 불안감을 일종의 해독제로 바꾸어놓았듯이 온라인의 강력한 감정들을 자극하려면 어떻게 해야 하지? 고도로 연결된 정신 네트워크에는 정서전염이 닿지 못할 한계도, 접속이 불가능한 사람도 없지 않은가?

스트레스가 문제다

나는 책상에서 일어나 두 손을 깍지 낀 채 머리 뒤로 돌렸다. 시걸 바르세이드의 논문, 페이스북 이야기, 국방부 보고서, 막스플랑크 뇌인지과학연구소의 연구논문들을 인쇄해놓았다. 벌써 한나절 동안 이 2차원적 사건들만 노려보았다. 중요한 부분은 다시 읽고 머릿속으로 결론을 종합하고, 몇 주 전 팰로앨토의 상황에 비추어도 보았다. "그런데 이제 어떻게 하지?"

1시 15분, 인쇄물을 분리해 녹색 마분지 시스템상자에 넣었다. 정리를 위해 직접 고안한 시스템상자는 뚜껑을 닫은 뒤다시 서재 벽에 가져다 놓았다. 시스템상자는 그 밖에도 더 있다. 녹색 마분지 탑의 상자 하나하나가 이상한 전염의 양상 하나하나를 대변한다. 히스테리, 직업의식, 탐욕, 감정 과잉의 확산 증거들을 담은 상자도 있고 복제, 강력한 지도력, 경제학, 영웅, 롤모델 같은 점화단서들의 매개 정보를 담은 상자도 있다. 그 외에도 각성의 강화, 친사회적 암시 그리고 단속단들의 활동이 담긴 치유 관련 자료들이 있다.

　그 모두를 작은 상자들에 담고 보니 놀랍게도 첫 번째와 두 번째 이상한 전염 사건이 너무도 말끔히 정리된 기분이었다. 최근의 상황을 보면 이상한 전염은 복잡하기가 이를 데 없었다. 본질적으로 끊임없이 변화하는 것도 그 이유다. 새로운 요소 하나하나가 위력을 더해 분류 자체를 어렵게 만들고 있었다. 과거의 신념대로라면 일단 결론부터 내렸을 것이다. 지금으로서는 결론 자체를 특정하기 어렵다. 나는 그 자리에 서서 퍼즐이 들어 있는 시스템상자들을 노려보며 다시 한 번 죽은 여덟 아이를 생각했다.

　팰로앨토에서 왜 툭하면 이상한 전염이 창궐할까? 그 이유를 알아야 한다. 분명한 이유 하나는 있다. 처음부터 사람들이 지적해온 이유이기도 하다. 많은 이들이 이 마을의 특징이라고 믿는 바로 그 이유다. 억압적 상황에 대한 생물학적 반응, 즉 스트레스는 여전히 중요한 요소다. 그 말이 사실이라면 팰로앨토의 스트레스는 왜 그렇게 위험할까?

　나는 가설이 타당한지 증명하기 위해 엘 카미노 리얼 도로를 타고 북쪽 멘로파크를 향해 달렸다. 팰로앨토고등학교(참나무에 둘러싸인 스페인 수도원풍의 이 학교는 건고등학교의 경쟁 학교이기도 하다)를 지나자, 왼쪽 종려나무 숲 위로 스탠퍼드대학의 후버타워가 우뚝 솟아올랐다. 대형 쇼핑몰을 지나니 눈 깜짝할 사이에 샌드힐 도로에 접어들었고 테슬라모터스의 제1전시실이 보였다. 나는 칼트레인 선로 인근에 있는 작은 식당에 차를 세웠다. 작가 줄리 리스콧 하임스Julie Lythcott-Haims는 밝은색 티셔츠 차림이었다. 곱슬머리가 어찌나 깔끔한지 한 올 한 올을 투명 동전에 감은 것처럼 보였다. 식사를 기다리는 동안 하임스가 두 아이 얘기를 꺼냈다. 하임스의 아이들은 학교를 버거워하면서도 번득이는 가치를 지녔다고 했다. 그녀는 주로 아이들이 학교에서 어떻게 지내는지, 시리도록 결연한 꿈을 어떻게 실현해내는지 이야기했다.

하임스는 팰로앨토 학생들을 보며 스트레스가 어떤 결과를 낳는지 직접 목격했다. 그녀는 학부모이기도 했지만 이미 10년 전부터 스탠퍼드대학 신입생 담당 학장이기도 했다. 그 이후 하임스는 부모 주도의 계획 집약적 양육을 종식해야 한다고 운동의 대변인처럼 주장하고 다녔다. 아이들을 강제로 소수의 일류 대학과 성공 신화로 몰아가는 것이 궁극적으로 스트레스의 직접 원인이기 때문이다. 하지만 이러한 과잉 양육은 하나의 요인에 불과하다. 이 마을에 스트레스의 원인은 차고 넘친다. "늦은 감이 있지만 한 걸음 물러나 이곳 사람들과 기관들을 보세요. 학생들한테 얼마나 스트레스를 주는지." 그녀의 말이다. 예를 들어 학교 시스템은 주와 국가 내에서 상위를 차지하는 데 몰두한다. 공동체는 강박적으로 야심가들을 키우고 학생들은 만족을 미루는 기술을 습득한 채 매주 84시간의 학습 노동을 기꺼이 감내한다. 오로지 미래에 투자해야 부자가 된다는 기대감 때문이다. "실리콘밸리행 비행기에 올라타라. 그러면 비상식적 기대감을 장착한 채, 타인과 자신에게 지나치게 엄격한 기준을 적용하는 군상들과 마주칠 것이다." 그녀가 덧붙였다. 어느 순간 우리는 그 공동체의 일원이 되어 터무니없는 요구들에 적응하게 된다. 애플 직원 버드 트리블Bud Tribble이 말한 유명한 '현실왜곡장Reality Distortion Field', 즉 가능성의 인식을 의도적으로 비틀어놓은, 그런 삶을 살아가는 것이다. 바로 이런 식으로 균형과 난이도를 왜곡해서 받아들이는 덕분에 놀라운 혁신과 성취를 향해 자신을 채찍질하고 동시에 엄청난 스트레스에 시달리게 된다.

학교와 학부모가 아이들을 무자비하게 몰아붙인다는 얘기는 이제 상투적으로 들리지만 그곳에도 현실왜곡장이 존재한다. 젊은이들까지 자신에게 무리한 요구를 하는데 이 역시 현실왜곡장이다. 대학 관계자들에게 좋은 인상을 심어주기 위해 AP 코스에서 학점을 쌓고 우등반에 들어가고 최고득점을 하고 최고상을 수상하고 스포츠와 특별활동도 열심히 하고 최고 클럽에 가입하고 봉사활동에 자원해야 한다. "이런 스트레스를 제공하는 사람들 때문에 어린아이들이 저 가혹한 성공 기준에 맞추지 못하면 말 그대로 미래가 없다고 믿는 거예요."

그 말을 들으며 뉴욕의 피터 골비처가 한 얘기를 떠올렸다. 개인의 야심은 공동체 규범에 크게 의존하며 그 기준에 맞추어 자신을 가늠한다는 얘기였다. 동기란 성공을 향한 질주와 실패의 두려움이 벌이는 줄다리기가 된다. 하임스의 말에 따르면 아이들에게 저 터무니없는 기준을 맞추라는 요구는 너무도 일반적이며 특권 사회라면 어디나 대동소이하다. 서구적 이상은 물론이고 아메리칸 드림의 왜곡이나 단순한 오해 또한 이미 전염병이 된 지 오래다. 학교와 학생들이 이런 광기에 매몰된 것도 당연한 일이겠다. 어차피 성공에 굶주리고 가장 높은 기준을 지극히 합리적으로 여기는 사회다. 아이들도 그 사회의 가치 내에서 태어나고 자랄 수밖에 없다. 개인의 자존감이 위기에 처한 사회에서 우리는 성공을 위해 어디까지 달려갈 수 있는지 정확히 판단해야 한다. 자칫 실패를 두려워하거나 목표를 하향 조정하는 날에는 결국 지고 말 것이다. 보석이라도 다루듯이 주도면밀하게 아이들을 억누르고 감시하고 억압하고 이상화하고 군림하는 사회라면 어쩔 수 없이 그중 일부를 골라 다듬고 벼리겠지만 그러는 와중에 나머지는 짓밟힐 수밖에 없다.

그러는 동안 미국은 계속 스트레스의 강도를 높여갈 것이다. 전에 읽은 논문을 인용한다면, 지난 30년 동안 스트레스 지수는 이미 1,000퍼센트를 넘어섰다. 학생들의 탈진증후군은 스트레스의 결과다. "초일류 대학에 들어가기 위해 아이들이 학교, 숙제, 과외활동, 수면 사이를 다람쥐 쳇바퀴처럼 반복하기 때문이다." 뉴욕대학 연구원 노엘 레너드[Noelle Leonard]의 말이다. "초긴장 상태에 있는 초일류 고등학교 학생들은 대학에 들어가기 전에 탈진할 수도 있다." 하임스도 스탠퍼드대학에서 그런 모습을 목격했다. 학생들의 표정에서 중독성 질병의 기운, 전반적인 위축감, 권태로움까지 쉽게 드러난 것이다. 스트레스 기반의 탈진증후군은 어디에서나 느끼고 볼 수 있으며 누구나 겪을 수 있다. 탈진증후군 환자 90퍼센트는 또래그룹이며 적어도 그 또래의 50퍼센트가 같은 병에 시달리고 있다.

"그런데 왜 팰로앨토죠? 이곳보다 스트레스가 심한 곳도 얼마든지 있는데."

"그러게요. 왜 팰로앨토일까요?" 나는 눈을 들어 그녀의 표정을 보았다. 열정적이면서도 슬픈 얼굴이었다. "주위를 둘러보세요. 약간의 압력이 어떤 결과를 낳는지 생각해봐요. 기술이 발전하고 교육 시스템이 좋아지고 나라가 번창해지겠죠? 하지만 그 아래쪽은요?" 나는 집에 돌아와 녹색 시스템상자에 다음과 같은 요소를 추가했다. 스트레스가 압력에 대한 생물학적 반응이라면, 동시에 수문이 되어 감정의 범람을 초래할 수 있다.

스트레스가 문제일 수는 있다. 하지만 아무리 그래도 스트레스가 초래하는 감정만큼 문제가 크지는 않다. 스트레스는 감정의 수문을 열어 패배감, 열등감, 굴욕, 좌절, 슬픔, 분노, 수치 등의 감정을 쏟아낸다. 그런 감정들은 고도로 전염성이 강할 뿐이 아니라 시걸 바르세이드가 지적했듯이 폐쇄 환경의 내부로 쏟아져 들어갈 것이다. 고등학교도 예외는 아니다.

천성적으로 스트레스에 강한 사람들도 스트레스가 타인에게 일으키는 감정에는 민감할 것이다. 팰로앨토가 처한 환경이 바로 이 지점이다. 유독성 감정 질환에 전염되고 또 퍼뜨리는 것이다.

이 지역의 생각의 지도자^{Thought Leader}로서 리스콧 하임스는 여전히 이 마을을 신뢰한다. 팰로앨토를 사랑하기 때문에 계속해서 돕고 싶다고 말한다. 고통을 줄이고 상황을 바로잡는 한편, 더 나은 미래를 구축할 방법이 있다고 믿기 때문이다. 하임스는 절대 포기하지 않겠다고 장담했다. 혹자는 학교가 우열반과 성적 제도를 포기해야 한다고 주장한다. 물론 이 둘은 가장 중요한 원칙에 속한다. 대부분의 대학은 이 제도를 이용해 어떤 학생을 받아들일지 결정한다. 한편으로는 학생들의 스트레스의 가장 큰 원인이기도 하다. 현재 상황으로서는 부모, 교사, 학생 모두 스스로 어떤 스트레스를 만들어내고 부정적 정서전염을 불러일으키는지 알 필요가 있다.

두 번째 연쇄자살이 일어나면서 지방교육감은 무리한 숙제 요구를 금지하는 새 정책을 내놓았다. 학교는 상담 전문가와 함께 수업 시간표를 조정하고 심지어 학생들의 수면시간까지 챙겼다. 교내에도 서둘러 복지센터를 세워 학생들의 신체, 정서, 심리는 물론이고 영혼의 건강까지 모두 챙기게 했다. 이 방법들을 모두 고려해볼 때 상황이 훨씬 좋아졌다고 말할 수 있었으면 좋겠으나 하임스는 여타 상황에 비추어 아이들이 그럭저럭 지내는 것 같다는 정도로 평가했다. 하임스의 아이들은 인기도 많고 친구도 많았다. 한 아이는 이듬해 학교를 졸업한다.

하임스는 내 아들과 딸에 대해서도 물었다. 나는 의자를 옆으로 가져가 아이폰에 있는 아이들 사진을 돌려보았다. 손가락으로 터치할 때마다 아이들 사진이 주마등처럼 흘러갔다. 사진을 보면서 문득 몇 년 전 유아침대를 조립하던 때가 떠올랐다. 그러고 보니 이상한 전염도 그즈음 처음 등장했다. 당시 나는 미래의 아버지로서 제대로 대처할 자신이 없어서 초보아빠 교실에도 등록했다. 아이들을 어떻게 키우고 돌봐야 하는 걸까? 하임스가 얘기하는 그런 실수들을 피할 수는 있을까? 행여 아이들을 무리하게 억압하고 괴롭히게 되는 것은 아닐까?

그 후 5년의 세월이 지나갔다. 그리고 나는 이상한 세계에 들어와 어떻게든 상황을 정리하고 정의를 내리려 애를 쓰고 있다. 이 끔찍한 현상에 이름이라도 붙일 수 있어야 더 나은 아버지가 될 수 있을 것만 같았다. 내내 배내옷 입히는 방법만으로 버틸 수는 없지 않은가. 아이의 세계를 보호막으로 감싸고 저 무지막지한 사회전염의 위력과 위험으로부터 지켜주고 싶었다. 그런데 도대체 이 감정이라는 것이 전염되지 않도록 어떻게 막는단 말인가. 그 사실만으로도 나 스스로 과보호 본능은 억누르고 두 아이를 위해 좀 더 건설적인 바람을 갖게 되었다.

무엇보다 아이들이 행복하게 자라면 좋겠다. 어떤 형태의 행복이든 상관없다.

솔직히 이런 생각도 든다. 성공의 기준도 좋고 아이들을 위한 찬연한 꿈도 좋지만, 행복이야말로 그 모든 것에 앞서는 것이 아닐까? 이곳 팰로앨토에서 행복은 그저 사소한 상처에나 필요한 연고에 불과할지도 모르겠다. 시걸 바르세이드는 우애의 전염 효과를 기록하면서 배려, 공감, 자상함이 삶을 바꾸고 때로는 구하기까지 한다는 사실을 깨달았다. 팰로앨토에도 비슷한 전략을 도입할 수 있지 않을까? 펜타곤은 키보드와 단어 몇 개, 약간의 의도만으로 사회운동과 정치 불안을 야기할 수 있다. 그렇다면 우리도 소외, 고독, 후회, 무기력, 무감각, 거부반응, 고통에 맞설 수 있다고 믿어야 한다. 전염성 정서 실험은 형식이 어떻든 결론은 하나다. 기쁨 같은 긍정적 정서는 빠르게 확산한다. 서던캘리포니아대학 비터비 공학대학의 트위터 연구 저자들 역시 다음과 같이 결론을 내렸다. 정서전염에 절대 휘둘릴 것 같지 않은 사람들도 부정적인 트윗보다 긍정적인 트윗에 두 배 정도 영향을 받는다. 개인적 차이는 그다지 의미가 없었다. 더욱더 고무적인 사실은 행복의 사회전염이 우울증의 전파를 막아줄 뿐 아니라 회복에도 도움을 준다는 것이다.

　이 마을 구석구석까지 우애와 행복을 전파하고 사회전염을 유도하려면 도대체 어떤 과정이 필요한 걸까? 그런 기념비적인 업적을 이룰 수 있는 인물이 한 사람 있기는 하다. 그런데도 여전히 의문은 남는다. 정말 행복만으로 다른 모든 감정과 대적할 수 있을까?

행복에 전염되기

　건고등학교 연극부는 매년 셰익스피어 작품과 뮤지컬을 번갈아 공연한다. 〈맥베스〉는 종영 분위기였다. 그랑기뇰 스토리답게 야심과 죽음, 야만과 피로 물든 연극이었다. 담당 교사 제임스 셸비는 이번 시즌, 좀 더 가벼운 소극을 선택했다. 대화를 하다가 셸비는 자신이 콜 포터^{Cole Porter}의 음악을 얼마나 좋아하는지 얘기했다. 〈There's No Cure Like Travel〉의 경쾌한 재잘거림, 〈The Crew Song〉이 들려주는 환희, 〈It's De-Lovely〉의 강렬한 두운. 지난가을과 초겨울, 사건으로 마을 전체가 다시 절망에 빠졌을 때는 경쾌한 뮤지컬 〈Anything Goes〉를 선정했다고 한다. 어떻게든 분위기를 띄울 필요가 있다는 판단 때문이었는데, 내 생각도 그와 같았다. 아니, 누군들 아니겠는가. 이 복합적 스트레스 상황에서 긴장을 해소할 필요도 있고 공동체를 재결속할 서곡도 있어야 했다.

2015년 겨울, 리허설은 방과후 9주 동안 이어졌다. 학생들은 고삐를 조이고 끊임없이 연습하며 연기력을 키웠다. 공연이 다가오면서 셸비는 이 작품의 양어깨에 무언가 원대한 기대가 걸려 있다고 생각했다. 일주일간의 공연을 시작하기 전, 극장 입구에서는 온갖 홍보 수단을 동원해 셸비가 30년을 재직하는 동안 가장 기대되는 뮤지컬이라고 광고했다.

"이런 일을 하는 의미가 따로 있나요?"

"연극을 준비하고 공연하다 보면 마을에 정말로 정말로 좋은 일이 필요하다는 사실을 깨닫게 돼요. 다들 힘들었잖아요. 행복을 조금 퍼뜨린들 죄가 될 것도 없겠죠." 그의 대답이었다.

연극부가 연습에 몰두하는 동안, 반기문 유엔 사무총장은 세상에서 제일 행복한 음악 목록을 만들어내고 있었다. 목록에는 루서 밴드로스의 〈If This World Were Mine〉, 스티비 원더의 〈Signed, Sealed, Delivered〉, 프린스의 〈Kiss〉, 편의 〈We Are Young〉, 제임스 배스킷의 〈Zip-a-Dee-Doo-Dah〉, 제임스 브라운의 〈I Feel Good〉 그리고 파블로 카살스가 연주한 〈바흐의 무반주 첼로곡 1번 프렐류드〉가 들어 있었다. 세상에서 가장 행복한 음악을 표방하는 목록은 얼마든지 있으나, 이 목록은 #HappinessSoundsLike라는 국제 캠페인의 일환이라 국제 행복의 날 공식 음악으로 선정되기도 했다.

반기문 사무총장의 목록에 고무되어, 나도 페이스북 친구들에게 제일 행복하게 만드는 노래를 골라달라고 부탁해보았다. 대답은 가지각색이었다. 아즈텍 카메라의 〈Oblivious〉, 밴 모리슨의 〈Brown Eyed Girl〉, DJ 칼리드의 〈Rapper's Delight〉, 해리 매클린톡의 〈The Big Rock Candy Mountain〉, 샘 쿡의 〈Wonderful World〉 그리고 퀸의 노래 모두까지. 취향은 끝 간 데를 모르고 장르도 중구난방이었지만 그래도 행복의 전파라면 노래 모두가 거의 동일한 생리 효과를 발휘하였다.

나는 뮤지컬 〈Anything Goes〉에 수록된 콜 포터의 〈I Get a Kick Out of You〉를 골랐다. 물론 셸비의 영향이다. 1934년 브로드웨이 초연이 끝난 후 《뉴욕타임스》는 "장담하건대, 더 이상 우울증Depression은 없다!"라고 큰소리를 쳤다. 공황The Depression은 끝나지 않고 미국의 경제는 그 후로도 7년 이상 소용돌이치던 시절이었다. 하지만 이 순수한 대사와 표현의 세계라면, 공연이 있는 날 밤만이라도 정말 골치 아프고 슬픈 일이 모두 끝난 것처럼 보였을 것이다.

뮤지컬은 음악적 요소를 가미한 연극이다. 예술적 노력으로 변형된 매체가 다 그렇듯이 활기찬 리듬과 화려한 조명과 배우들의 춤 속에 현실과 판타지를 적절하게 버무려 넣는다. 뮤지컬 공연에 허구적인 면이 있다면 즉흥적으로 노래와 춤을 만들어내는 데 있다. 물론 그 목적은 관객들이 일시적으로 의심을 보류하도록 유도하기 위해서다. 음악의 마법은 논리적 두뇌의 스위치를 끄고 절대 믿음의 최면 속으로 우리를 이끈다. 이른바 마음을 편하게 만드는 묘약인 셈이다.

"음악은 진화 이전의 깊고 깊은 태곳적 뇌 구조를 자극한다." 심리학자 루스 허버트[Ruth Herbert]의 말이다. 음악은 감정을 건드리고 내면에 침투하며 그로써 머리, 맥박, 근육, 뼈 등 온몸의 조화를 가능하게 한다. 뇌세포들은 서로 힘을 합쳐 멜로디, 리듬, 음표, 가사를 판독한다. 시각피질을 밝히고 운동피질을 가열해 전염이라도 된 듯이 고개를 끄덕이게 만들고 뇌의 보상중추를 채우고 기억의 편린에 마음의 눈을 뜨게 해준다. 음악은 또한 감정과 정서 반응을 위한 기호이기도 하다. 말투는 엔도르핀을 자극하고 분위기를 조절하며 무의식 차원에서 가까운 사람들에게 영향을 미친다. 특별한 순간과 추억을 공동체 생활에 접목시켜주기도 한다.

음악은 또한 전염성 정서의 확산에 가장 효율적인 매개일 것이다. "합창단에 소속되면 서로 특정한 감정을 주고받습니다." 허버트가 덧붙여 말했다. 음악은 생리 변화를 자극한다. 우리가 밝은 장조의 경쾌한 속도와 리듬을 온몸으로 잡으면 가슴은 환희로 벅차오른다. 우울증 환자의 경우, 음악 치료는 공익적 측면에서 그 어느 치유법보다 유용하다. 병원 치료를 받는 아이들도 음악 치료를 좋아한다. 그 점에서는 연극 치료보다 낫다. 슬픈 음악은 체내 심장박동을 늦추기도 하지만 동시에 면역성을 강화하고 스트레스를 완화하며 혈압을 낮춘다.

음악에 대한 기호는 다르다 해도 문화 사이에는 분명 연결고리가 있다. 원형적 음악이란, 의미를 채워야 할 형식이라기보다 집단으로 인지한 수사에 가깝기 때문일 것이다. 초콜릿과 북극을 예외로 한다면 음악이야말로 우리가 보편적으로 합의할 수 있는 목표에 가장 가까울 것이다.

행복이라는 전염병은 실체가 없기 때문에 어느 정도 규정화가 필요하다. 감정을 정의하는 방식은 대체로 주관적이다. 어떤 사람들은 유쾌한 기분, 낙천주의, 탐닉의 차원에서 행복을 이야기한다. 생물학적으로 볼 때 행복은 감정의 중추인 대뇌변연계가 보내는 신호에 불과하다. 플라톤이 『국가론』에서 이르기를 "행복해지고 싶으면 도덕적이고 권력에 책임을 져야하며 또 사회정의의 짐을 감내할 줄 알아야 한다"라고 했다. 요컨대, 행복은 노력해서 얻어야 한다는 뜻이다. 행복은 갈망의 대상이며 그 수준은 개인 성격에 따라 다르다. 보다 현대적인 견해로는 신경학자이자 정신과의사인 빅터 프랭클^{Viktor Frankl}이 행복에 대해 말한 바 있다. 그에 따르면 행복을 확산하려면 내면을 들여다보고 자신보다 더 위대한 상대에 의지할 수 있어야 한다. 어떤 경우든 얼마나 행복에 민감한지 여부는 철저히 우연적 요인에 따른다.

니컬러스 크리스타키스를 만났을 때, 캘리포니아대학 샌디에이고캠퍼스의 제임스 파울러와 어떻게 함께 작업을 하고 행복의 집단 현상에 대해 어떤 발견을 했는지 얘기해주었다. 20년에 걸친 두 사람의 업적은 2008년에 출간된 바 있다. 감정은 사회망을 통해 움직이며 행복은 그 자체로 유쾌한 고통이다. 행복은 전 세계 6,000개의 언어 중 어느 것보다 쉽게 이해가 된다. 이웃이 행복하면 우리가 행복할 기회는 30에서 40퍼센트 증가한다. 일정한 사회망에 행복한 사람이 있을 경우 다른 사람에게 전염될 가능성은 9퍼센트 증가한다.

행복은 또한 우울증의 만병통치약일 수 있다. 우울증 전염과 행복 전염의 가장 큰 차이라면, 이 집요하고도 뿌리 깊은 슬픔의 감정은 자체의 메커니즘으로 확산을 통제한다는 점이다. 행복과 달리 우울증은 대인기피증을 유발하고 사회관계망에서 멀어지게 하기 때문이다. 「미국 청소년-성인 건강 장기 연구National Longitudinal Study of Adolescent to Adult Health」는 미국 고등학생 2,000명을 조사해 다음과 같은 결과를 내놓았다. 건강하고 행복한 친구가 다섯 명 이상 있을 경우 6개월에서 12개월 내에 우울증을 극복할 가능성이 두 배가 된다. 친구들이 우울하면 덩달아 임상 우울증Clinical Depression에 걸릴 위험에 노출되지만, 행복한 친구와 함께 있을 경우 분명 '보호와 치료' 효과가 동시에 있다.

하지만 내 생각에 가장 매혹적인 점은 행복이 이별의 세 단계까지 확산된다는 사실이다. 목표와 탐욕처럼 행복은 부지불식간에 서로 전염되며 한 번도 만나지 못한 상대라 해도 얼마든지 옮을 수 있다. 최초 감염자가 옆 사람에게 행복을 전할 확률은 25퍼센트이며 옆 사람은 다시 10퍼센트 수준으로 친구에게 행복을 옮길 수 있다. 이제 친구들도 6퍼센트 수준에서 타인에게 행복을 전파할 수 있다.

*
**

2015년 3월 저녁 7시 15분 전, 건고등학교 캠퍼스는 그림자로 가득 찼다. 교실 창문은 어둡고 야외식당은 한바탕 회오리가 휩쓸고 지난 듯 썰렁하기만 했다. 텅 빈 운동장은 여전히 학생들의 흔적이 남아 있었다. 밴드 경연 포스터가 벽에 붙어 있었고 총학생회 공고문도 여기저기 대자보를 장식했다. 차양 아래로는 직원용 골프 카트가 줄지어 휴식을 취하고 있었다.

자동차들이 주황색 불빛을 비추며 주차장을 채웠다. 잠시 후 캠퍼스 통로에 발소리가 요란해졌다. 손님들이 스팽겐버그 극장에 모이기 시작한 것이다. 아직 문은 닫힌 채였다. 극장의 무대 뒤에서는 학생들이 부지런히 무대의상으로 갈아입고 얼굴에 분장을 했다. 오케스트라는 악기를 조율했다. 문이 열리자 극장은 재빨리 온기가 가득해졌다. 객석은 가득 차고 넓은 공간 여기저기 웃음소리가 팝콘처럼 터져 나왔다.

안으로 들어가면 우리를 환영하는 분위기 일색이었다. 캠퍼스의 10대 주인들이 우리를 그들의 영역으로 불러들여 벽 안쪽의 삶을 엿보게 해준 것이다. 우리를 부른 이유는 이렇게 말하고 싶어서일 것이다.

"보세요! 우릴 보세요! 여러분들도 얘기를 많이 들었겠지

만 그게 전부는 아니에요. 우리는 학점이 아니에요. 브레이크
댄스, 자동차 기술, 로봇공학, 예술에도 관심이 있거든요. 동정
하실 필요도 없어요. 우리라고 매일 우울하고 짜증내고 두려
워하고 공황에 빠져 있는 건 아니에요. 다시 일어설 능력도 있
고 희망을 품을 여유도 있답니다. 우리가 웃고 노래하면 여러
분들도 가능할 거예요. 여러분께 행복할 권리를 드릴게요. 그
러니 우리를 보며 행복해하셔도 돼요."

후일 제임스 셸비는 이렇게 말했다. "무대 뒤에서 공연을
기다리면서 그 순간의 의미를 확실하게 느끼겠더군요. 객석
조명이 꺼질 땐 아예 숨을 쉴 수가 없었죠. 천천히 숨을 내쉰
것은 서곡이 시작될 때였어요."

리노 스위니 역의 배우가 〈I Get a Kick out of You〉에 맞
춰 조명 안으로 들어가고 시퀸 드레스, 시폰 치마, 베레모, 하
얀 세일러복, 리넨 블라우스 물결이 무대를 가득 채웠다. 문득
이 순간 관객들은 어떤 기분일까 하는 생각이 들었다. 해방감?
달관? 적어도 두 시간 동안 건고등학교는 행복과 치유의 관문
이 되어줄 것이다. 〈There's No Cure Like Travel〉을 부를 때
우리 마음은 '치유'와 '해방'을 만끽하고 마음속 깊은 곳은 기
쁨으로 가득했다. 관객들도 이 경쾌한 축제에 흠뻑 취하고 홀
딱 빠져들었다. 우리는 모두 연극에 동화됐으며, 〈You're the
Top〉에 이를 때쯤 관객들의 기분은 완전히 말랑말랑해졌다.
그야말로 완벽하고 좋은 기분이었다.

셸비도 그 기분을 느꼈다. 비트와 리듬이 관객을 공연과 묶고 또 서로를 이어주었다. 온기가 순식간에 퍼져나가 객석을 가득 채웠다. 이런 분위기는 한 주 내내 이어질 것이다. 그리고 그동안 부모, 학생, 관계자, 마을 사람들은 모두 한마음이 되어 삶의 향연을 벌이게 될 것이다.

막간이 되자 극장은 다시 목소리로 가득했다. 관객들의 얼굴에서 빛이 나고 대화도 풍성했다. 학생들은 친구들과 어울리고 사람들은 스마트폰을 켜고 미뤄둔 메시지를 확인했다. 현실이 관객들의 삶으로 비집고 들어가기 위해 애를 쓰는 중이었다. 마지막 순간 우리를 구원한 것은 2막이었다. 앙상블 연주가 즐거움의 향연을 되돌려주었다. 우리는 묘약을 마시고 감미로움과 충만감에 젖었다. 미겔 사비도와 숀 사우디가 대중을 치유할 목적으로 라틴아메리카, 인도, 카리브 사람들에게 물약을 투여한 것도 이런 식이었겠지? 오늘 밤 우리는 집에 돌아갈 것이다. 한 가지 바라는 게 있다면 오늘의 기분이 좀 더 유지되어 한동안 그 기분에 취할 수 있다면 좋겠다. 어떤 이유에서건 내일은 평소보다 조금 더 행복하면 좋겠다.

건고등학교 특유의 우울한 기간은 아직 끝나지 않았다. 그날 밤 극장을 찾은 사람들도 바보는 아니다. 그날의 휴식은 기껏해야 입장권의 약속과 다름이 없었다. 음악과 쇼와 합주 실력, 약간의 구경거리와 유머 한 스푼 정도. 그래도 이것은 팰로앨토 사람들이 간절히 바라던 묘약이었다. 앙코르가 터져 나오고 감사 인사를 받고 사람들의 편안한 표정을 보면서 셸비는 기적이 일어났음을 느꼈다. 공연이 끝나고 스태프들이 무대 정리를 하는 동안 셸비는 가만히 상념에 젖었다. 가슴을 쓰다듬으며 떠도는 기분을 느꼈다. 그 기분을 마을로 가져가 그곳에 머물게 하면 좋겠다고 생각했다. 마을 사람들에게 이 공연이 콧노래를 부르듯이 잠시나마 쉽게 꺼내볼 추억으로 남으면 얼마나 좋을까.

감정 조절을 위해 연고 바르기

우산으로 허리케인에 맞선다.

제임스 셸비는 단 하나의 사회전염과 싸웠다. 줄리 리스콧 하임스는 스트레스의 원인과 전쟁을 벌였다. 둘 다 작은 승리를 이끌었지만 우리에겐 훨씬 강력한 적이 도사리고 있다. 이 작은 승리들을 모아 종합적인 전선을 꾸릴 방법이 있어야 한다.

건고등학교 봄 뮤지컬 공연이 끝났다. 나는 와튼스쿨의 시걸 바리세이드에게 전화해 유해한 사회전염의 확산을 막기 위해 더 나은 장치를 찾아냈는지 물었다. "그저 긍정적 감정의 예시를 만들어 시스템을 압도하면 되는 문제인가요? 아니면 고통스러운 감정에 대항해 체계적으로 전선을 구축해야 합니까?"

"우애의 전파자나 도덕적 선구자가 되는 문제가 아니에요. 정서전염에 대해 강의할 때 강조하는 내용 하나가 정서적으로 지적이 되어야 한다는 말입니다." 박사의 대답은 그랬다.

뭐라고? 순간 난 미간을 찌푸렸다. 정서지능은 타인뿐 아니라 자신의 감정까지 읽을 수 있어야 한다는 가설에 근거한다. 2009년 팰로앨토에 이상한 전염이 창궐한 직후, 프린터스 잉크 카페에서 로니 하비브와 커피를 마시며 학생들이 잘 지내는지 물어본 적이 있다. 하비브의 대답은 아이들이 불안해하고 우울해하면서도 감정을 쉽사리 드러내지 못한다는 것이었다. 물론 슬픔을 표현하는 아이들도 있고 치유 모임도 있었지만 몇 년간 대화를 하는 동안 아이들의 자기통제가 훨씬 더 체계적이라는 사실을 깨달았다는 얘기였다. 학생들이 드러내는 감정은 인내도 체념도 아니었다. 애초에 기본 도구가 결여된 탓에 자신의 감정을 제대로 이해하지 못했다. 감정이 어떻게 작용하는지도 모르는데 어떻게 제대로 표현할 수 있겠는가.

"새로운 기술을 연구 중입니다." 그가 말했다. 다소 비정통적인 방식을 시도하고 있다고 했다. 하비브에게는 고민이 있었다. 장기적인 치유를 위해서라면 단순히 정서전염의 과정이 아니라 완전히 새로운 언어를 가르칠 필요가 있었다. 바로 감정의 언어다.

나는 그날 밤 하비브에게 문자를 보내, 다음 주 캠퍼스에 들러 그간의 과정에 대한 이야기를 듣고 싶다고 전했다.

더 좋을 때 만났다면 하비브의 검은 두 눈도 애정으로 가득했을지 모른다. 만남 자체는 유익했다. 지난 몇 년간 수업 시간에 그리고 방과후에 우리는 그의 교실에서 만났다. 아이들 얘기도 나누었다. 그의 아이들도 우리 애들과 나이가 비슷했다. 하비브의 아내도 만났다. 그녀는 정신요법의사인데 2009년 최초의 연쇄자살이 발생했을 때 학교에서 심리치료 인턴으로 훈련을 받기도 했다. 최근 우리는 다시 학년 말을 향해 달리고 있었다. 기말고사와 AP 시험 주간이 기다리고 있고 졸업생들은 대학 합격·불합격 통보를 숨죽여 기다려야 한다. 종종 자살 시즌의 시작이라고 불리기도 하기 때문에 하비브로서도 초조할 수밖에 없었다.

내가 도착했을 때 마침 수업이 끝나고 종이 울렸다. 교실에는 학생 한둘만 남아 보충 시험을 보고 있었다. 하비브는 아이들이 시험을 볼 수 있도록 준비를 하고 내게 건너와 힘껏 포옹했다. 나를 놓아준 후 그가 비틀거리며 두 손가락으로 책상 가장자리를 잡더니 순간 무릎이 꺾이고 말았다. 그렇게 두 손과 두 다리로 엎드리더니 곧바로 벌러덩 누워버렸다. 그가 두 눈을 질끈 감았다.

"얼마 전에도 등근육이 뭉쳤어요. 이유는 정확히 모르겠지만 스트레스 때문이겠죠? 하루 종일 수업을 하는데 두 발로 서 있는 것도 보통 일이 아니네요." 그가 말했다.

학생 여덟 명이 죽었다. 그들 중 하비브의 제자도 적지 않았다.

1990년대, 고등학생 시절의 하비브를 상상하는 건 어렵지 않았다. 키가 크고 날씬하며 정수리에 머리숱이 많은 학생. 그때는 운 좋게도 학교 문화가 설치해놓은 무한 경쟁과 야심이라는 문화적 올가미를 빠져나왔으나 결국 그것 때문에 오히려 발목이 잡힌 모양새다. 친구들은 소위 말하는 좋은 대학에 들어가 건고등학교의 영예를 드높이는 데 기여했다. 하비브는 캘리포니아주립대학 산타크루즈캠퍼스를 졸업하고 교사가 되었다.

　　세 번째 학생이 자살한 뒤, 하비브는 강좌를 몇 개 듣기 시작했다. 대학 시절 수강한 적 있는 강좌인데, 주로 감정을 현실적으로 분석하고 생각과 행동의 부정적 패턴을 해체해나가는 기술에 집중했다. 하비브는 감정이 기본적으로 사치가 아니라 필연이라고 이해했다. 즉, 생존 본능만큼이나 필연적이다. "내 감정에 주목할 수 있어야 안목을 키워 삶의 미로를 헤쳐나갈 수 있어요." 그의 말이다. 교실 창밖으로 2,000명의 학생이 건물 사이를 오가고 통로를 달려간다. 겉으로 보기에는 다들 행복하고 우애도 깊다. 하지만 큰 성공을 향한 욕구는 여전히 학교의 기본 마음가짐이며, 이는 하비브가 학생일 때와 크게 다르지 않다. 당시에는 무절제하고 무차별적으로 자살하는 학생들은 없었지만 돌이켜보면 위험신호는 얼마든지 있었다. 하비브가 지적한 바에 따르면 공동체적 정신질환, 즉 주우울증과 범불안장애 같은 질병은 학생이나 교사 모두 인지하지 못하는 경우가 대부분이다.

감정이 야심에 자리를 양보하면 사회전염이 절대 권력을 휘두르며 군림한다. 그런 상황에서 최선의 선택이라면, 어떤 식으로든 행복의 여건을 조성하고 부정적 감정 효과를 상쇄하도록 노력해야 한다는 것이다. 하비브에게는 아쉽게도 그 점이 다소 모자라는 듯 보였다. 방송반에서 경쾌한 음악만 내보내도 학생들을 기쁨으로 전염시킬 수 있다. 교사들에게 수업 시간에 좀 더 미소를 지으라고 해도 좋다. 아직은 진짜와 가짜 웃음을 구분할 능력이 부족하기 때문에 표정이 가짜라고 해도 얼마든지 마음의 도파민을 자극할 수 있다.

하지만 효율적으로 이 병에 대처하기에는 좀 더 복잡한 문제가 있다. 전염성 감염의 난장판에 어느 정도 규칙을 부여할 필요가 있었다. 하비브는 학생들에게 문제가 되는 감정을 제거하라고 가르치는 대신 그 반대로 모든 감정을 끌어내도록 유도해보자고 결심했다.

＊＊

시걸 바르세이드의 말은 정서지능 측면에서 옳지만 여전히 커다란 문제가 하나 남는다. "실리콘밸리는 한 번도 타인과 공감해본 적이 없어요." 하비브의 진단이다. 그는 한 팔을 내 목에 걸고 다른 팔로 의자에 의지한 다음, 내게 체중을 싣고 자리에서 일어났다. "우리 문화가 원래 그래요."

게리 슬럿킨의 폭력치유 모델과 하비브의 가설은 비슷한

면이 많다. 만일 우울증과 불안의 문턱이 낮다면 학교 관계자 모두를 훈련하는 수밖에 없다. 위험신호를 파악하고 해석해서, 자해에서 자살로 이끄는 사고의 감염경로를 차단해야 한다. 문제는, 학생들은 어떤 징후가 어떤 의미인지 모른다는 데 있다. 기껏 소 잃고 외양간 고치는 격이겠으나, 그렇다 해도 어디를 봐야 할지 모른다면 결국 아무것도 얻지 못한다.

하비브도 실리콘밸리에서 자랐기 때문에 실리콘밸리가 교육을 얼마나 중요시하는지는 잘 알고 있다. 다만 학생들이 자기 내면과 주변의 감정 변화에 지나치게 무지하다는 게 문제였다. 감정의 전염은 불가피하다. 전염을 피할 방법은 없다. 하비브는 학생들에게 언어 도구를 가르치기 시작했다. "애초에 감정을 언어로 구분하지 못하면 격한 감정을 조절하거나 다스리는 것도 불가능합니다."

언어 도구를 가르치는 훈련이 쉬울 것 같아 보여도 필수 과목 교육과 불가시영역 교육은 확연히 다르다. 철학적인 동시에 생물학적이기 때문이다. 구체적인 학문은 뇌의 신피질에서 발생한다. 신피질은 분석적이고 기술적이며 개념적이면서 논리적 사고를 유도한다. 하지만 공감의 언어는 완전히 다른 기제를 필요로 한다. 바로 정서적 중심인 대뇌변연계의 신경전달물질이 담당하는 것이다.

최초의 연쇄자살이 발생했을 때 하비브는 이런 생각을 했다. "학생들이 자기 내면에서 어떤 감정 변화가 있는지 알 수 있다면 감정에 전염되는 순간 이해하고 통제하는 것도 가능하지 않을까?"

그의 얘기를 듣는데 문득 그리스신화의 델포이 신탁이 떠올랐다. 신화에는 여사제 피티아의 이야기가 등장한다. 피티아는 몽환을 유도하는 증기를 호흡하면서 미래를 볼 수 있다. 문제는 그녀가 몽환상태에서 횡설수설하기 때문에 사제들과 시인들이 알아서 그 말을 논리적인 예언으로 해석해야 한다. 정서지능 교육도 그와 다르지 않다. 무의미하고 충동적인 반응을 이해해 그 위에 어휘를 입히고 이해할 수 없는 세상에서 의미를 도출해 언어화해야 하는 것이다.

정서지능 프로그램은 1990년대 미국에서부터 시작했으며, 심리학자 피터 샐러베이, 존 메이어, 마틴 셀리그먼[Martin Seligman], 대니얼 골먼 같은 유명 설계자들이 주도했다. 사람과 조직은 지적·공학적 기술을 통해 성공한다. 한편 자신과 타인의 감정을 깨닫고 조절하고 통제하는 능력도 어떤 기술 못지않게 중요하다. 골먼은 그의 저서에서, 감정을 이해하고 통제할 수 있다면 자살 충동이나 시도를 막을 수 있다고 말했다.

감정을 이해하지 못하면 죽음을 인지한다고 해도 조치를 취할 수 없다. 자살을 막을 수 있는지의 여부는 공감 능력에 달려 있다. 사랑하는 사람이 떠난 후 남은 사람들이 느껴야 할 엄청난 상실감과 비애를 얼마나 공감할 수 있는가? "괜찮아?" "힘들지?" "어떻게 지내?" "기분이 어때?" 같은 질문을 받을 때 대답하는 방법을 알기만 해도 크게 도움이 된다. 다만 공감하지 못할 경우 대답도 정직하지 못하게 된다. 실리콘밸리가 정서지능 대신 지적 능력을 선택한다면 사회의 정서지능 학습이란 기껏 시스템조차 이해 못 한 담당자들에게 사람들을 통제하고 운용하라고 지침서를 내리는 역할밖에 하지 못할 것이다.

2011년 하비브는 정서지능 프로그램을 개발해 시범 운용했다. 우선 수업을 시작하기 전 5분간 명상을 통해 학생들 스스로 마음의 소리를 듣게 했다. 처음에는 다들 어설프고 멋쩍어했으나 얼마 후에는 학생 주도의 자율 훈련으로 발전했다. "12주가 지나기 전에 자의식적 불안감이 상당히 감소했어요. 육안으로도 확인 가능할 정도였죠. 감동적인 변화였답니다. 학생들은 집중도 더 잘하고 웃기도 잘했어요. 학점도 오르고요. 말 그대로 더 건강해진 거죠." 결과가 그렇게 나오자, 하비브는 미국 고등학교 최초로 긍정심리교실을 열어달라고 요청했다. 일반적으로 학교의 선택과목은 수강 인원을 25명으로 제한하지만 이 강좌의 경우 무려 100명 이상이 신청을 했다. "이런 과정에 목말랐던 겁니다. 학업도 중요하죠. 하지만 자기 내면의 생각, 감각, 감정을 어떻게 이해해야 하는지 배우는 것도, 자기통제의 정보를 활용해 서로의 생명을 지키는 것도 그만큼 소중합니다."

하비브는 학생들을 독려해 좌절의 경험을 큰 소리로 얘기하고 동료들이 귀를 기울여 듣게 해주었다. 그 과정에서 아이들은 자신의 슬픔, 행복, 절망, 불만을 확인했다. 갑자기 심장박동이 빨라지고 온몸에 식은땀이 나고 호흡이 가빠지고 가슴이 답답해질 경우, 그 증상이 어떤 의미인지 이해할 수 있었다.

학문적·사회적·정서적 학습을 위한 협조체제CASEL: The Collaborative for Academic, Social, Emotional Learning의 보고에 따르면 사회적·정서적 학습에 집중한 학교들에서 체계적인 변화가 나타났다. 하비브는 학생들이 서로를 도와 불안감을 통제하고 치유하는 모습을 보았는데 과거보다 훨씬 친절하고 자상한 모습들이었다.

감정을 이해하는 능력이 섬세해지자 학생들은 처음으로 행복에 목말라했다. 이는 교육자들도 마찬가지다. 극도의 피로감은 감각을 무디게 하므로 학생들의 정서적·정신적 고통 징후를 파악하기가 어려울 수밖에 없다. 학교에서 정서지능 프로그램이 효과를 발휘하면서 학생과 교사들은 매년 자살 충동에 시달리는 학생 50여 명을 인지하고 전문적 감정 치료를 받게 했다. "단일 개체뿐 아니라 공동체 전체에 백신이 어떻게 작용하는지 상상한다면 예방접종을 일종의 면역은행으로 여길 수도 있다. 이 은행에 저축하면 보호가 불가능한 사람들에게 자신의 면역성을 기증할 수 있다. 집단 예방접종은 개인 접종보다 훨씬 효과적이다." 『면역에 관하여』의 저자 율라 비스Eula Biss는 그렇게 결론을 내렸다. 학교에서 정서지능은 개인 접종인 동시에 집단 접종이다. 다만 효과는 공동체가 얼마나 인지하고 행동하는지에 따라 다르다.

하비브에 따르면 학생들이 깨닫게 되면 함께 노력할 공간도 넓어진다. "어느 학생한테 이렇게 말하는 겁니다. '다른 아이한테도 열등감이 있다고? 시험 볼 때면 늘 불안하고? 그래, 좋아. 그 문제를 해결해보자. 일단 시험 불안증을 완화하려면 어떻게 해야 할지 몇 가지 기술을 알려줄게. 열등감 문제를 해결하는 기술도 있으니 걱정할 필요 없어.' 그 정도가 되면 대화 자체가 완전히 달라지는 겁니다."

하지만 이 계산에는 모순이 내재해 있다. 정서지능 학습이 부정적 정서전염의 최고의 치료제라면, 정서적 자각을 단련시키고 계속해서 유용한 도구들을 확보해나갈 것이다. 하지만 사회전염의 일관성이라는 말은 감염 사례집만큼이나 터무니없다. 막스플랑크 뇌인지과학연구소의 지적을 보면, 고도의 정서적 공감과 감응이 증세와 싸우는 반면, 사회적 정서전염은 타인의 감정에 민감한 사람들에게 더 빨리 퍼진다. 정서적으로 타인에게 쉽게 감응한다면 동시에 정서적으로 취약하다는 의미이므로 전염에도 민감할 수밖에 없다. 요컨대 공감은 구원자인 동시에 파멸의 조율자이기도 하다.

"어쩌면 단속단을 만드는 것이 답이 될지도 모릅니다." 하비브의 진단은 그랬다. 그는 교사와 학생들에게 감정 인식 도구를 활용하는 방법과 한계점에 다다른 사람을 만났을 때 어떻게 대처해야 할지 교육했다. 하지만 학생들의 주변 인물들로 훈련을 국한해야 할 이유는 어디에도 없다. 이런 규모의 사건은 당연히 학교 담장을 넘어서는 해결책을 필요로 한다. 따라서 우버 운전사, 식당 직원, 미용사, 마사지 치료사, 정원사, 바리스타, 거리연주가, 지나가는 행인, 심지어 마을 사람들까지 모두 훈련해야 한다. 잡화상이나 택시 뒷자리 혹은 교실 맨 뒷줄 등 어디든 이상한 전염으로 고통받는 사람이 나타날 경

우 징후와 증상을 파악하고 어디에 도움을 청해야 할지 알아
야 하기 때문이다.

결국에는 말 그대로 이 마을의 구성원 모두가 단속단이
되어야 한다.

8부

공동체

"인간의 숙명을 바꾸는 요건에는 네 가지가 있다.
자선, 기도, 개명 그리고 행동 변화."

『게마라The Gemara』

"이상한 징후가 밤의 날개를 타고 창틈을 비집고 들어온다.
그리하여 나는 운명을 걱정하지 않노라."

칼 샌드버그Carl Sandburg

해답으로서의 공동체

　예전에는 왜 보지 못했는지 잘 모르겠다. 6년 전 하비브와의 첫 번째 약속 이후 건고등학교를 찾은 것도 열 번이 넘었다. 그런데 2016년 봄에 학교에 가보니 교문 바로 맞은편에 알타메사 추모공원이 있었다.

　사건이 일어났던 선로는 학교에서 동쪽으로 3킬로미터 떨어진 곳에 있다. 그런데 캠퍼스 정남방, 그것도 바로 코앞에 공동묘지의 낮은 담장이 서 있는 것이 아닌가! 교문을 나서서 샛길을 따라가면 곧바로 신록의 잔디가 있다. 스프링클러가 돌아가며 잘 다듬은 울타리와 커다란 교목, 햇볕에 흠뻑 젖은 초원 위에 물을 뿜는다. 예루살렘 석조건물의 장엄한 영묘가 햇빛에 백색광을 발했다. 이곳 어딘가에 스티브 잡스Steve Jobs도 묻혀 있다. 데이비드 패커드David Packard와 윌리엄 쇼클리William Bradford Shockley도 있고 프레더릭 터먼Frederick Terman도 잠들어 있다. 터먼은 스탠퍼드대학 사무장 시절, 대학과 첨단회사들을 묶는 방식으로 이 도시의 반석을 만들어낸 인물이다. 이 묘석이나 각각의 무덤은 더 이상 생명과 관계는 없으나 어느 특정 인물이나 아이디어를 자극하는 유산, 감정, 행동들과 이어져 있다. 우리에게 이곳은 하나의 삶이 끝나는 장소다. 그러나 이상한 전염 문제라면 여전히 그 끝과는 거리가 멀다.

나는 학교 방문객 주차장에 차를 세우고 진입로를 가로질러 갔다. 묘지는 왼쪽에 있었다. 전염에 취약한 개인에게 교문 앞 묘지가 어떤 영향을 미치는지 알아볼 필요가 있었다. 골비처가 일상 환경 얘기를 한 적이 있다. 대부분은 무심코 지나치지만 이런 대상들이나 이미지들도 어떤 식으로든 우리에게 영향과 영감을 주기도 하고 자극하기도 한다. 그런데 무덤이 바로 눈앞에 있다니! 마치 학교 앞에 서서 학생들에게 팸플릿을 나눠주는 선거운동원처럼! '타이탄이여, 영원하라'의 구호가 번쩍이며 오만하게 흘러가는 저 거대한 전광판 너머로 학생들이 제일 먼저 보는 장면이 다름 아닌 무덤이라니!

실리콘밸리의 모든 것이 이 한 장소에 집중되어 있다. 도시의 설계자와 유명 사업가, 스탠퍼드대학 학자 모두가 죽음이라는 이름의 두려움과 함께 이곳에 묻혀 있다. 어쩌면 과잉 반응일지도 모르겠으나 지난 6년간 이미 여덟 명이 죽었고 그 여파도 녹록지 않다. 그런데 어떻게 유추를 거부하고 관계를 못 본 척한단 말인가. 게다가 나는 여기까지 오는 동안 모든 사람을 일일이 조사했다. 최초의 도화선과 전파는 물론이고 부정적이거나 긍정적인 사회전염까지 모두.

　유달리 방문객 주차장이 만원인 탓에 나는 뱅뱅 돌다가 학생 주차장에 간신히 차를 세웠다. 본관으로 가는 도중 한 무리 여성들과 마주쳤다. 휴대용 안마의자들을 학교 안으로 가져가고 있었다. 아마도 기말고사 주간 학생들을 위한 서비스일 것이다. 그야말로 자기 충족적 예언의 수수께끼가 아닌가. 이를테면 병원균이 득시글한 지역에 감염통제소의 방호복이나 방문객을 보내는 격이다. 번드르르한 플라세보효과가 다 그렇듯이 기대는 종종 현실로 나타나곤 한다. 기말고사 때문에 스트레스를 받을 것이라는 지레짐작에 마을 사람들이 안마의자까지 가져왔다. 이 사실을 알게 되면 학생들은 정말 스트레스를 받고 실제로 안마의자를 필요로 하게 될 것이다.

　어느 시대든 교장을 만나려면 왠지 주눅이 들고 만다. 겨우 오전 9시 30분인데도 본관 대기실에는 나 말고도 다섯 명이 더 있었다. 사실 건고등학교 교장 드니즈 허먼을 만날 생각까지는 없었다. 연쇄자살 문제로 지금껏 교사, 학생, 부모들을 수도 없이 만났다. 하지만 본인 이야기를 하거나 의견을 기록으로 남기는 데는 대체로 머뭇거리는 분위기였다. 허먼과의 대화가 걱정되는 이유도 그래서였다. 이 마을에서 침묵을 원하고 규범을 지키려는 사람이 있다면 (규범이 있기는 한가?) 당연히 학교의 얼굴 교장일 것이다. 지극히 엄숙한 표정으로 어떻게든 갈등을 통제하고 불필요한 확산을 막아야 하는 당사자가 아닌가.

1년도 채 지나지 않은 일이다. 《애틀랜틱》이 실리콘밸리의 연쇄자살을 커버스토리로 다루었다. 이곳 사람들은 늘 기술 관련 기사만 읽었기 때문에 그런 소식이 크게 낯설 수밖에 없었다. 스포트라이트를 비춘 곳은 실리콘밸리의 취약 지구, 팰로앨토였다. 기사는 주로 2014년 이후 학교에서 연쇄자살이 재발한 데 주목했고 캐머런 리의 죽음과 그 여파, 교사들이 학부모를 달래는 장면, 스탠퍼드대학의 자살예방 전문가들을 초빙하는 과정, 가족모임에서 자살한 아이의 메모를 읽는 어머니의 모습 등을 다루었다. 기사를 두 번 읽으면서 이름, 얼굴, 학교 건물, 연쇄자살에 대한 질문들이 담해수처럼 목구멍을 역류했다. 기사에서 제시한 퍼즐 조각은 이곳 사람들에게 너무도 익숙했다. 건고등학교는 전국에서도 정상급에 속한다. 그 정도는 누구나 잘 안다. 그리고 그 명예와 '자살 고등학교'라는 불명예 간의 괴리도 충분히 고려했다. 이곳 고등학생들의 10년간 자살률이 전국 평균에 비해서도 다섯 배 정도 높으며, 이 마을 고등학교 학생의 12퍼센트가 지난해 자살을 심각하게 고민했다는 사실을 얼마나 더 많이 들어야 하는 걸까? 이곳 부모들을 비난하는 얘기도 충분히 들었다. 아이들에게 지나치게 높은 기준을 강요하는 바람에 갈등을 빚거나 아니면 실패를 교묘하게 감추는 법을 가르쳤다는 얘기였다. 중국의 전통적인 방식대로 아이들을 엄하게 다루는 '호랑이 엄마'의 영향을 따져보기도 했다. 이 마을은 40퍼센트 이상이 아시아인이다. 기사가 지적했듯이 문화이행Culture Shift이 (옳든 그르든)

어떤 식으로 '학교 문화를 오염하는지'에 대해서도 자세히 다루었다.

우리도 잘 안다. 그래서 우리가 지금 어떻게 됐지? 이제 이 흉측하고도 명백한 실상을 온전히 드러냈으니 전 세계가 알게 될 것이다. 우리만의 작은 비밀이 마침내 공동체 울타리를 조금씩 벗어나기 시작한 것이다. 제럴드 러셀이 지적했듯이 정보를 흘린 이상 병에 다시 담을 방법은 없다.

이런 상황이었기 때문에 드니즈 허먼이 상부 지시를 핑계로 작가 면담을 거부한다 해도 솔직히 그러려니 했을 것이다. 다행히 면담은 쉽게 이루어졌다. 이메일 답장도 신속했다. 그녀가 면담 요청을 받아들인 이상 결론은 둘 중 하나다. 허심탄회하게 토론을 하거나 아니면 한 번 더 생각해보고 면담 자체를 취소하는 것. 하지만 인터뷰 거부 요청은 없었다. 그래서 나는 그녀가 대화 이면에 거부의 장막을 드리울지 모른다고 생각했다. 물론 쉽지만은 않을 테지만 상황이 상황인지라 그렇지 않을 이유도 없었다.

아침에 조사한 바에 의하면 허먼 부부는 일리노이주의 디캘브 카운티 출신이다. 고향에는 여전히 25제곱킬로미터의 옥수수와 콩 농장이 있고 인근에 풍차를 돌리는 방앗간만 해도 50여 개가 있었다. 정말 뜻밖의 인연이었다. 삶은 늘 무질서를 향해 질주하는 것 같지만 이렇게 느닷없이 균형을 보여주곤 한다. 이 학교로 오기 전에 허먼은 위스콘신주 미들턴에 있는 고등학교에서 화학을 가르쳤으며 교감을 거쳐 8년간 교장으로 재직했다.

허먼은 대기실로 찾아와 나를 환대했다. 표정은 밝았고 두 눈은 따뜻했다. 부교육감과 대화가 길어지는 바람에 조금 늦었다고 사과했지만 난 전혀 눈치채지 못했다. "오늘, 이상하게 바쁜 아침이네요. 그래도 용케 시간이 나서 다행이에요." 교장은 그렇게 인사를 챙겼다.

그녀는 나를 교장 집무실 테이블로 안내했다. 나는 자리에 앉아 집무실을 둘러보았다. 크고 깨끗한 방이었다. 어쩐지 아직 이사를 마무리하지 못했다는 생각이 들었으나 교장이 학교에 부임한 건 이미 2014년의 일이었다.

"학교의 이야기를 아셨습니까?" 내가 물었다.

"조금은요." 교장이 대답했다. 학교는 신임교장에게 난감한 역사까지 모두 밝혔다. 다만 당시는 4년 이상 사고가 없었던 시기였다. 부동산업자와 차를 타고 임대 건물을 찾던 중 드니즈는 선로 건널목에 붙은 경고판들을 보았다. 햇볕 가리개 위쪽의 작은 흑백 표지판에는 국립자살방지 핫라인 번호가 적혀 있고, 다른 표지판에는 행인들에게 건널목에서 떨어져 있을 것을 경고했다. 일리노이 시골에도 어디에나 선로가 있지만 여기처럼 안전장치로 범벅인 곳은 본 적이 없었다고 했다. "이 마을에 어떤 일이 있었는지 그때 대충 짐작했어요." 허먼이 건고등학교에 부임하고 8주 만에 퀸 겐스가 기차 사고로 목숨을 잃었다. 허먼은 시간은 핑계가 되지 않는다고 했다. 두 사건 사이에 시간이 흘러 그사이에 안전장치도 마련되었고 또한 자신도 팰로앨토의 이야기와 어느 정도 거리가 있다는 이유였다.

이제 그녀는 2009년과 2010년의 낡은 체계를 청산하고, 대응조치와 적극적인 위험 경감 수단을 구축해야 할 책무가 있다. 허먼은 스탠퍼드대학, 정신건강 기관들, 마을공동체와 학교 간에 이룩해놓은 파트너십을 재가동했다. 한 번에 20여 개의 정신건강 기관들을 불러들인 때도 있었다. 예방 시스템은 제대로 작동했으며 학교는 슬픔 속에서도 효과적으로 재앙에 대처하기 시작했다.

2015년 두 번째 연쇄자살이 이어지면서 이 소우주 내에서 심리적·행동적·정서적 사회전염이 서로 얽히며 소용돌이쳤다. 허먼은 두려움이 가장 파급력이 강했다고 회고했다. "학생들이 크게 두려워했죠. 저토록 행복하고 긍정적인 아이한테 비극이 일어났다면 자기도 얼마든지 당할 수 있으니까요. 그런 점에서 부모들도 다르지 않았어요. 자신들이 아이들의 건강과 안녕과 스트레스에 도움이 되는지도 불확실하고 또 제대로 대처할 자신도 없었죠. 교직원들도 당연히 걱정이 많았답니다. 아이들이 죽는 이유가 숙제가 너무 많았기 때문일 수도 있고 교사들과 관계가 좋지 않았기 때문일 수도 있으니까요."

하지만 허먼은 사회전염이 공포와 히스테리에서 공동체 이야기로 바뀌고 있음을 깨달았다. 지금은 모두가 이 일에 참여하고 있다는 느낌이 그 어느 때보다 확실히 들었다. 지난 6년간 팰로앨토는 "도대체 이 마을이 뭐가 잘못된 거야?"라는 질문에 집중했다. 하지만 실제로 공동체 덕분에 두 개의 이상한 전염과 싸울 수 있었다면? 이상한 전염의 영향을 규정하려면 반드시 해당 공동체의 매개변수들을 확인해야 한다. 핫존은 사람이 아니라 지도상의 위치라는 얘기다. 경계가 없으면 사회전염은 범주화를 거부한다. 따라서 연쇄자살은 집약된 시간과 지리상의 공간 내에서 발생한 행동으로 규정된다. 사회전염이 경계를 뛰어넘을 경우에는 그 경계가 작업팀이든 교실이나 마을 전체이든 매개변수의 측정치로 도약을 규정하게 된다. 공동체는 사회전염을 포함하는 그릇이자 사회전염이 벗어나야 할 교도소이기도 하다.

하지만 공동체는 동시에 가장 가깝고 실행 가능한 치유법이다. 공동체는 과잉 반응이 아니라 합리적이고 적확한 화법으로 사회전염에 대응한다. 공동체는 사람들을 강하게 단련시키고 달구어 불합리한 두려움에 맞서게 한다. 공동체가 자체의 감정 징후에 조율이 되었을 경우에는 가장 미미한 경고 징후에도 대응할 수 있다. 결국 공동체는 사회전염을 견인하거나 사회전염에 희생될 것이다.

사회전염이 창궐할 경우 공동체의 방어 노력은 이상한 전염의 화법을 규정한다. 따라서 우리는 이렇게 물어야 한다. 이경우가 불합리한 두려움, 히스테리, 탐욕, 탈진, 걷잡을 수 없는 분노의 이야기가 될 것인가? 아니면 희망, 합리적 판단, 용기, 통합의 이야기가 될 것인가?

허먼은 이 마을만큼이나 고통을 겪은 마을 사람들을 어떻게 대해야 할지 물었다. 정보, 자원, 지식의 전달자로서 공동체 전사들은 전선에 남아 연쇄자살 사건과 싸운다. 우리는 위원회에 자리를 정하고 시스템을 개발해 도움을 제공하는 한편, 프로그램을 운용하고 슬픔에 빠진 이들을 돌보고 아이들을 점검하고 아이들 마음에 정서지능을 접목한다. 허먼도 사회전염이 해를 입힌다는 사실을 알지만, 동시에 공동체가 이 전염을 견인해 유리하게 만들 수 있다는 사실도 깨달았다.

"그래도 운 좋게 용기를 전파했어요. 일단 상실을 겪고 나면 엄청난 외력External Force을 얻게 되죠. 그래서 행동을 바꾸고 책임을 떠맡는 겁니다. 우리도 당연히 문제에 귀를 기울이고 용기를 길러야 할 거예요." 허먼은 그렇게 말했다. 용기는 교사에게서 학생에게로, 학생에게서 부모에게로, 부모에게서 아이들에게로 조금씩 흘러 내려간다. "용기는 전파돼요. 저도 지켜봤는걸요. 아이들도 의무신고자Mandated Reporter의 책임을 떠안기 시작했어요. 친구가 나쁜 환경에 빠졌다는 사실을 알면서도 부모한테 알리지 못하는 이유는 우정이 깨질까 불안했기 때문이죠. 지금은 아이들도 알아요. 도움의 손길을 내밀지 않으면 더 나쁜 일이 일어난다는 사실을요. 대단한 용기가 필요하지만 요즘에는 비교적 흔하게 본답니다. 우리 학생들은 전보다 훨씬 더 크게 목소리를 내요. 우리도 아이들이 학교의 결정에 적극적으로 참여하고 예전보다 강하게 목소리를 내라고 요구하고요."

허먼에 따르면 사회전염은 단순히 공동체 내에서 섞이고

상호작용하여 유용한 도구나 문제 해결의 무기로 사용되는 것이 아니다. 사회현상이라는 이 완벽한 태풍이 바로 공동체다. 이웃 산지트 타다니도 그렇게 말한 바 있다. 어느 시점에서 침입자^{Interloper}들은 지역의 일부로 편입되고 공동체에 존재한다는 이유만으로 공동체에 기여한다. 그런 점에서 사회전염도 마찬가지다. 침입자와 사회전염을 따로 떼어 생각할 수 없게 된다는 점에서 결국 침입자가 공동체를 접수하는 셈이다.

지난 6년을 포괄적으로 보았을 때 나는 허먼의 말이 옳다고 믿는다. 마을은 스스로 사회전염을 품었고 사회전염에 둘러싸였다. 위험하고 파괴적인 동시에 따뜻하면서도 유익한 전염병, 바로 우리의 이상한 전염병이다. 동시에 이 이상한 전염병이 우리 마을의 본질이기도 하다.

허먼은 지난 2년간 학교의 관점이 어떻게 달라졌으며, 어떻게 사회전염을 전면에 드러내게 되었는지 얘기해주었다. 말과 행동에 신중해야 하는 이유에 대해서도 얘기했다. 생각과 행동과 감정은 그만큼 전염성이 강하다. 학교가 긍정적인 분위기와 용기와 애교심을 전하기 위해 지금껏 노력하지 않았던가. 교장은 학생복지위원회를 설립했고, 최근에는 캠페인을 통해 학생들이 자연스럽게 위원회를 찾고 부작용 없이 도움을 얻도록 하는 데 역량을 집중했다. 학부모와 공조해 정서적 위기를 겪는 학생들을 지원했다. 그 후 1년이 지났다. 그리고 그 사이에 자살한 학생은 없었다. 애쓴 보람이 있다는 얘기다. 시간이 흐르면서 공동체도 신속하게 상처를 치유해나갔다.

전화벨이 울렸다. 허먼은 잠시 반대편 책상을 보았으나 전화를 받지 않고 보이스메일로 넘어가게 두었다. 그리고 잠시 인터뷰가 이어졌지만 다시 벨이 울렸다. 허먼은 일어나 번호를 확인했다. "교육감 사무실이네요." 그녀는 그렇게 말하고는 내게 등을 돌렸다.

그녀는 통화를 마치고 돌아와 다시 사과했다. "오늘 아침 이상하게 정신이 없네요." 아침만 해도 허먼이 대답을 꺼리면 어쩌나 걱정했지만, 그런 걱정은 오래전에 사라졌다. 그녀는 처음부터 끝까지 개방적이고 솔직했으며 지나칠 정도로 편하게 대해주었다.

"선생님도 눈치채셨죠? 오늘 학교에 이런저런 행사가 많습니다."

교장의 말에 그날 아침의 소소한 풍경이 하나하나 머릿속에 떠올랐다. 꽉 찬 주차장은 비상 상황의 징후였다. 마사지 전문가들이 흡사 창업 전시회를 하듯 안마의자를 설치했는데, 이는 실리콘밸리 특유의 활력이라기보다 어딘가 이질적인 불협화음 같았다. 본관도 어찌나 바쁜지 방문객 사인을 하고 들어갔을 때 직원들은 주차허가증 발급까지 잊고 말았다. 예전 같으면 상상도 못 할 일이었다.

허먼은 물병을 집어 물을 꿀꺽꿀꺽 마셨다.

"곧 보고가 들어올 거예요. 그럼 그때 알려드릴게요."

교장의 목소리엔 생기가 걷히고 얼굴엔 경련까지 일었다. 잠시 후 나도 가슴이 답답해졌다. 마침내 충격적인 소식이 도달했을 때 난 갑작스럽게 얼음물에 빠지는 기분이었다. 허먼의 시선은 여전히 부드러웠으나, 난 망치에라도 얻어맞은 것처럼 헉하고 숨을 삼켜야 했다. 마을 검시관의 보고에 따르면, 이번에도 이 학교 학생이었다. 이름은 새라 메어리 롱이어, 나이는 열아홉 살. 북쪽으로 가는 155호 기차에 치였다고 했다.

옐로잭

"이번 면담, 지금까지의 얘기가 모두 현재진행형이군요."

무슨 말을 해야 할지 난감했다. 입안이 바짝 말랐다. 나는 의자에 등을 기댄 채 두 손으로 테이블 가장자리를 쓸어내렸다.

"안타까운 소식이군요."

위로는 무의미했고 성의도 없어 보였다. 차라리 녹음기를 끄고 싶었으나 교장은 인터뷰를 계속하겠다고 했다.

"이번 학년도 정말 열심히 일했어요. 비극을 기억하고 감내하는 사이에서 균형을 찾고, 비극을 넘어서서 학교에 일어나는 사건 모두에 집중하고 싶었죠." 교장은 학생들이 이곳에서 지내는 시간이 4년뿐이라는 사실을 매일 상기하고 또 그 시간이 아이들에게 즐거운 추억이 되기를 바랐다. 지난해 학교에 수많은 비극이 있었다. 올해 교직원들은 이번 연도를 긍정적이고 특별한 경험으로 만들려고 엄청나게 노력했다. "사실

오랫동안 성공도 했죠."

"어떤 식인지 여쭤도 되겠습니까?"

허먼은 천천히 숨을 내쉬었다. 그 작은 행동으로도 떨리는 마음이 배어났다. 난 그저 앉아만 있었을 뿐 아무런 도움이 되지 못했다. 그녀가 나를 똑바로 쳐다보았다. 딱딱하고 차가운 눈빛이었다.

"여러 번 겪는다고 잘할 수 있는 그런 일은 아닌가 봐요. 마음이 무겁죠. 아무래도 제일 마음에 걸리는 일이에요. 제가 교장으로 재직하는 동안 네 번째 학생이지만, 실제로 직원들 대부분은 지난 6년간 벌써 아홉 번째 학생이잖아요. 제 진짜 심정입니다. 또다시 방향감각을 잃은 거예요."

학교와 마을은 이런 식의 비극을 잘 다룬다. 드니즈 허먼과 나도 상황이 어떻게 진행될지 잘 알고 있다. 지역 고등학교들은 저마다 조회를 열 것이다. 슬픔나눔 프로그램^{Grief Support Program}에서는 예방 대책은 물론이고 미디어를 상대로 매뉴얼, 공익광고, 위기관리 계획 등을 내놓을 것이다. 향후 며칠 혹은 몇 주 내에는 늘 그렇듯 상처에 연고를 바르는 식의 대응 주기를 반복할 것이다. 늘 하던 방식대로 상황에 대처한다는 뜻이다. 치유 모델을 적용하고 어떻게든 상황이 나아지기를 기대하는 것이다. 마음가짐은 늘 똑같다. 이상한 전염은 당장 끝나야 하기 때문에 어떻게든 끝이 난다. 하지만 허먼의 집무실에 앉아 참사 소식에 넋이 나가고 보니 '정말 끝낼 수 있는 걸까?' 하는 의심부터 들었다. 우선 나부터 자신이 없다.

이상한 전염의 요인들을 다룰 수는 있다. 하지만 전염을 막을 방법은 여전히 막연하기만 하다. 벌써 6년이 지났다. 당시 대혼란의 요인들을 분석할 때만 해도, 전염을 종식할 방법을 찾을 거라는 희망이 있었다. 그런데 지금 남은 것은 일련의 지식과 그에 따른 자가당착뿐이다. 미디어는 확산을 통제하지만 동시에 영속케 한다. 정서지능은 정서전염의 효과에 맞서지만 확산을 막을 능력은 거의 없다. 행동단서^{Behavioral Prime}들은 용기를 자극하는 동시에 불가능한 기준을 강요한다. 또래그룹도 전염을 완화하는 동시에 확산한다. 히스테리에 반응했을 때에도 전염은 줄기도 하고 늘기도 한다. 사람들을 긍정적인 행동으로 유도한다 해도 역효과를 유발해 오히려 자해 본능을 건드릴 수 있다. 완벽한 치유책, 그러니까 만병통치약을 그렇게 찾아 헤맸지만 결국 빈손으로 팰로앨토에 돌아오고 만 것이다.

이상한 전염 사건의 초기, 니컬러스 크리스타키스와 얘기했을 때만 해도 내 질문은 간단했다. "팰로앨토의 이상한 전염을 치료하고 싶은데 어떻게 하면 될까요?" 조사를 하는 동안 치유 가능성이 있다는 전제하에 움직였지만 어쩌면 목표 자체를 잘못 설정했을지도 모르겠다. 연쇄자살 억제는 올바른 목표가 아니다. 크리스타키스나 내가 던졌어야 하는 질문은, "전염이 우리 현실의 일부로 실재한다면 우리가 어떻게 대처할 것인가?"여야 했다.

최선의 방법은 이상한 전염병도 여타의 질병 대하듯 대하는 것이다. 유해한 사회전염도 유용한 사회전염도 세상 어디에나 존재한다. 피하려 해도 소용없다는 말이다. 유해한 전염은 억제하고 유용한 전염을 장려할 방법은 얼마든지 있다. 하지만 이 이상한 전염을 종식할 한 방을 찾는 문제라면, 실상은 잠재적 사회전염 요소들은 물론 지역적 취약 성과에도 우선 맞서야 한다. 유해한 질병이 창궐할 때와 마찬가지로 증세를 다루고 자극을 피하고 끊임없이 경계해야 한다. 그리고 그렇게 고통받는 사이 서로를 챙기다 보면 유익한 결과도 낳을 수 있다.

전염병은 멈추지 않는다. 안타깝지만 6년간의 조사 끝에 내린 결론이 그렇다.

의외의 결과는 아니다. 그동안 사람도 많이 만나고 자료 검토도 얼마든지 했기에 이미 감은 잡고 있었다. 제럴드 러셀은 엔트로피 얘기를 했다. 엎지른 물을 다시 담을 수는 없다. 컨 카운티는 오늘날까지 불확실성과 불합리한 두려움을 안고 산다. 그렇지 않으면 지역적 히스테리를 완화할 수 있다는 사실을 너무도 잘 알고 있음에도 그렇다. 와엘 고님은 혁명 이후의 이집트 이야기를 하면서, 이를 '옛 행동으로의 불가피한 퇴화'라고 불렀다. 일리노이대학의 게리 슬럿킨에게 폭력을 치료하는 것이 정말 가능하다고 믿는지 물었을 때 그는 조심스럽게 이렇게 대답했다. "질병 문제라면 치료보다는 재발 가능성을 얘기해야 해요. 홍역, 소아마비, 결핵, 나병, 역병 등의 전염병들을 처리하듯이 사회전염을 대하지 않아야 할 이유란 어디에도 없습니다. 핵심은 적재적소에 올바른 전략을 이행하는지 여부에 달렸죠." 하지만 그도 내 질문엔 대답을 회피했다. 이상한 전염이 또 하나의 생명을 데려간 이 시점에 깨달은 것은 그의 진짜 대답이 바로 대답의 부재에 놓여 있다는 사실이다.

물리적이든 정신적이든, 전염병을 근절하려면 노출과 저항을 적절하게 결합해야 한다. 전염 과정의 수학은 공동체의 전염성과 민감성의 방정식이다. "일단 전염병이 퍼지기 시작하고 그 병을 막고자 한다면 사람들이 전염병에 노출되지 않도록 환경을 바꾸어야겠죠. 그럼 저항은 생기지만 근절은 불가능합니다." 슬럿킨의 결론은 그랬다.

이번 연구를 통해 찾아낸 해답은 하나같이 어려운 현실을 지적했다. 현실은 불치병처럼 집요하고 끈질겼다. 문제를 키우는 요인이라면 분명하게 이해했다. 문화의 영향, 열정, 히스테리, 노시보효과, 야심과 탐욕, 목표의 전염, 높은 진입장벽, 스트레스와 우울증, 순응과 억압이라는 이름의 병원균들.

그래도 이들 대답 속에서 하나의 실마리를 찾기 시작했다. 그동안 만난 사람들과 나눈 이야기에 따르면 그들은 하나같이 집단의 구성원들이 서로에게 책임을 져야 한다고 지적했다. 로니 하비브와 줄리 리스콧 하임스는 공동체에 정서적 각성을 적용하라고 입을 모았다. 우리에게 고통을 표현할 언어가 없다면 특히 서로가 서로를 지켜보아야 한다. 폭력치유를 이야기한 게리 슬럿킨은 이를 더 밀고 나갔다. 택시운전사에서 바리스타까지 공동체의 구성원 모두가 훈련을 받고 사회전염의 단속단이 되고 징후를 감시하고 필요한 자원을 어떻게 확보할지 알아야만 좋은 결과를 낳을 수 있다는 얘기였다. 동기부여연구소의 피터 골비처는 이 공동체의 점화단서를 바꾸는 문제를 얘기했다. 무심코 자랑하는 실마리들을 늘 신경 쓰고 자신이 어떤 식으로 주변 사람들의 기분과 행동에 영향을 미치는지 깨달아야 한다는 것이다. 산지트 타다니의 생각은 공동체 집단지성의 성격을 바꾸자는 쪽이다. 아이들에게 가르치는 내용부터 바꾸지 않으면 변화는 기대할 수 없다는 것이다. PCI 미디어연구소의 숀 사우디 얘기에 따르면, 미디어를 통해 치유의 밈과 행동을 전파하는 것은 공동체의 책임이다. 공동체가 움직이지 않으면 메시지는 길을 잃고 긍정적인 변화도 싹을 틔우지 못한다.

언젠가, 이상한 전염 사건을 두 차례 직접 목격한 적이 있다. 그때 개인이 서로를 돌보고 지켜보아야 할 필요성을 포괄적으로 깨달을 수 있었다. 결국 영향을 주고 소통을 할 수 있는 것은 우리라는 자각이 필요하다는 뜻이다. 그 길 어딘가에서, 나는 공동체가 어떻게 전염병에 대처하는 것이 최선인지 이해하기 위해 애를 썼다. 사회전염은 허리케인처럼 불가피하고 종잡을 수도 없다. 그래도 공동체는 그 속에서 의연히 버팀목이 되어주어야 한다.

$$*_*$$

허먼은 나를 집무실 밖까지 배웅해주었다. 밖에서 보면 건고등학교도 미국의 여느 고등학교와 다를 바 없었다. 학교만 보면 이곳에서 어떤 일이 일어났는지 결코 알지 못할 것이다. 하지만 좀 더 들여다보면(실제로도 호기심을 자극한다) 보다 구체적인 사실들이 보인다. 허먼과 나는 박쥐 동굴을 지나갔다. 기다란 피크닉 테이블과 주황색 벽돌담이 있는 동굴이었다. 어느 푯말에 크고 검은 화살이 하늘을 가리키고 있었다. 바로 이곳에서 학생들은 고개를 들어 하늘을 올려다보지만 푯말에는 경고문도 하나 붙어 있었다. 다른 건물에도 누군가 손으로 쓴 표지판을 내걸었다. "우리가 지켜줄게." 어느 교실 벽은 대학 불합격 통지서를 붙여놓기도 했다. 실패는 누구에게나 가능하다는 사실을 보여주기 위한 장치였다. 교정 여기저기 표지판에는 자살예방센터 전화번호가 적혀 있었다.

허먼이 내게 미소를 지었다. 지난 6년간 학교에서 만난 어느 웃음보다 웅변적이고 따뜻하고 부드러운 미소였다. "학생들은 놀랍도록 활달하고 강하고 자상하고 또 평범해요." 허먼은 이렇게 말했다. "오늘, 아이들은 서로의 눈을 봐요. '오늘 어때?'라고 인사할 때도 그저 빈말이 아니라 상대의 상태를 알아보고 진심으로 안부를 묻는 거예요." 아이들은 서로의 목소리, 기분의 굴곡, 표정의 변화를 신경 쓰고 챙긴다. 만일 어떤 종류든 징후가 나타나고 그 징후에서 불길한 기운을 느낀다면 아이들은 곧바로 경고 신호를 보낼 것이다. 그리고 서로 용기를 북돋아줄 것이다. 보듬어줄 것이다.

내 시선은 잠시 허먼의 어깨너머 한 점을 향했다. 운동장 한가운데 깃대가 서 있고, 흰색과 적색 바탕에 갈색 곰이 그려진 캘리포니아주의 깃발이 산들바람에 흐느적거렸다.

어쩌면 이제 깃발 하나를 더해야 할지도 모르겠다. 연노란색 깃발, 바로 옐로잭이다. 우리 모두가 전파하고 전염되고 저항하는 정신적·정서적·행동적 전염병, 유익하거나 유해한 전염병을 시각적으로 상기시키는 깃발이다. 우리 모두 각자의 옐로잭을 내걸어야 한다. 사무실 칸막이, 자동차, 상가 입구, 카페, 멀티플렉스 영화관, 지하철 입구와 버스정류장에도 깃발을 내걸어야 한다. 군기위병대가 옐로잭 깃발을 보호해줄 것이다. 물론 군국주의적 명예로서가 아니라 집단을 이루는 구성원들에게 개인적으로 의무와 책임을 다하겠다는 맹세의 의미다. 온 세상 상업 지구에서 근린공원까지 노란색 2HB 연필로 도시를 씻어주면, 깃발들은 자연스레 지명의 경계를 뛰어넘어 휘날릴 것이다. 그와 더불어 마을 특유의 불안감, 불쾌한 행동, 불합리한 생각도 경계를 넘겠지만 웃음과 행복, 거울신경세포의 섬광도 널리 퍼져 서로의 심장박동에 동화될 것이다. 용기를 퍼뜨리고 풍부한 지식을 알리고 무엇보다 희망을 널리 전파할 것이다. 나는 그 모두를 그려본다. 그리고 세상과 이어져 있다는 생각에 위안을 받는다.

이제 몇 달 후면 우리 가족은 팰로앨토를 떠난다. 가구들을 해체하고 저장실의 상자들도 모두 끌어내 이삿짐으로 채울 것이다. 크레이프 종이로 접시를 싸고 옷을 개고 벽에서 그림 액자들도 끌어내야 한다. 실리콘밸리를 떠날 생각은 없다. 그저 북쪽으로 30킬로미터 떨어진 곳으로 간다. 지금까지는 이웃들이 전적으로 첨단산업의 전문가들이었다면 중앙에서 다소 벗어난 새로운 동네에서는 늙은 히피, 교사, 공무원, 노동자, 퇴역 군인 등 보다 잡다한 무리들이 이웃이 되어줄 것이다. 스탠퍼드대학은 없지만 지방대학이 있고 언덕 아래에는 소년원도 하나 있다. 오래된 오렌지껍질 색 장판이 깔린 밋밋한 대형마트 대신 재래시장이 있고 창업회사 대신 작은 쇼핑몰이 하나 있다. 주유소는 두 곳이나 된다. 아내도 구글을 퇴사하고 비영리조직에 참여하기로 했다. 수입만 생각하면 누가 봐도 어리석은 선택이다. 우리가 떠나는 이유는 부분적으로는 불합리한 두려움, 즉 실용이라는 이름으로 감수해야 할 위험들 때문이다. 하지만 솔직하게 말하면 히스테리를 부른 것은 바로 우리 자신이었다. 두려움, 소위 말하는 '설마'라는 것도 결국 자승자박이었다.

이제 집 안의 서재도 새롭게 꾸몄다. 그런데 메모로 가득한 이삿짐 상자들에 둘러싸여 있자니, 이상하게 자신감이 점점 떨어졌다. 정말로 팰로앨토에서 달아날 수 있는 걸까? 그렇게 많이 보고 겪었는데? 행여 마을을 떠난들 무슨 소용이란 말인가? 실제로 숨을 곳은 어디에도 없는데. 사회전염은 사업, 건강관리, 교육, 정부 정책, 정치, 국제 관계 모두에 영향을 준다. 지역을 막론하고 이면으로 모두 연결되어 있다는 뜻이다.

숨어야 할 이유는 없다. 충격적 비극을 겪기는 했지만 팰로앨토는 여전히 어떻게 싸우고 어떻게 살고 어떻게 행복할 수 있으며 또 어떻게 다시 강해질 수 있는지 보여주는 모범 사례로 남아 있다. 역설적으로도 이 마을은 본받아야 할 곳이다. 가장 어두운 시대에 서로를 어떻게 보듬어야 하는지 실례로 보여주었기 때문이다. 서로를 어떻게 책임질지 다시 생각하게 해주었기 때문이다.

감정은 어떻게 전염되는가

사회전염 현상을 파헤치는 과학적 르포르타주

초판 1쇄 펴낸날 2019년 7월 24일
초판 2쇄 펴낸날 2019년 8월 20일
지은이 리 대니얼 크라비츠
펴낸이 한성봉
편집 안상준 · 하명성 · 이동현 · 조유나 · 박민지 · 최창문 · 김학제
디자인 전혜진 · 김현중
마케팅 이한주 · 박신용 · 강은혜
경영지원 국지연 · 지성실
펴낸곳 도서출판 동아시아
등록 1998년 3월 5일 제1998-000243호
주소 서울시 중구 소파로 131 [남산동 3가 34-5]
전자우편 dongasiabook@naver.com
블로그 blog.naver.com/dongasiabook
페이스북 www.facebook.com/dongasiabooks
인스타그램 www.instagram.com/dongasiabook
전화 02) 757-9724, 5
팩스 02) 757-9726
ISBN 978-89-6262-293-5 03330

이 도서의 국립중앙도서관 출판예정도서목록(CIP)은
서지정보유통지원시스템 홈페이지(http://seoji.nl.go.kr)와
국가자료공동목록시스템(http://www.nl.go.kr/kolisnet)에서
이용하실 수 있습니다.(CIP제어번호: CIP2019016693)

만든 사람들
책임편집   현의영 · 조유나
크로스교열 안상준
디자인   당나귀점프